100 Receitas de CARNES

Livros do autor publicados pela **L&PM** EDITORES

Coleção **L&PM** POCKET:

100 receitas de carnes
100 receitas de macarrão
100 receitas de patisseria
100 receitas de pescados
160 receitas de molhos
Cozinha clássica
Honra ou vendetta

Outros formatos:

500 anos de gastronomia em Terra Brasilis
Honra ou vendetta
Tony Castellamare jamais perdoa

SÍLVIO LANCELLOTTI

100 Receitas de CARNES

www.lpm.com.br

L&PM POCKET

Coleção **L&PM** POCKET, vol. 416

Texto de acordo com a nova ortografia.

Primeira edição na Coleção **L&PM** POCKET: abril de 2005
Esta reimpressão: janeiro de 2018

Capa: Ivan Pinheiro Machado. *Ilustração*: iStock
Revisão: Mariana Donner da Costa, Renato Deitos e Jó Saldanha

ISBN 978-85-254-1391-8

L247c Lancellotti, Sílvio
        100 receitas de carnes / Sílvio Lancellotti. –
Porto Alegre: L&PM, 2018.

      144 p. ; 18 cm – (Coleção L&PM POCKET, v. 416)

1. Arte culinária-Receitas. I. Título. II. Série

CDU 641.55(083.12)

Catalogação elaborada por Izabel A. Merlo CRB10/329

© 2005, Sílvio Lancellotti

Todos os direitos desta edição reservados a L&PM Editores
Rua Comendador Coruja 314, loja 9 – Floresta – 90.220-180
Porto Alegre – RS – Brasil / Fone: 51.3225.5777

Pedidos & Depto. Comercial: vendas@lpm.com.br
Fale conosco: info@lpm.com.br
www.lpm.com.br

Impresso no Brasil
Verão de 2018

Sumário

Minhas homenagens 7

Explicações 9

Petiscos 13

Coisas que honram as aves 25

Coisas que honram o boi 59

Coisas que honram o etc. 119

Índice de receitas em ordem alfabética 136

Minhas homenagens

Rafaela, o seu avô já adora você, antes mesmo de você nascer...

Para o meu mestre maior, Don Mario Tatini. E para os meus irmãos de labuta, Adolfo Scardovelli, Massimo Ferrari, Toninho Buonerba, Xico Buonerba e Venanzio Ferrari. Ah, Fabrizio Tatini, um beijo no seu coração.

Nena, Vivi, Dado, Fernanda, Dani, Du, Renato, Giulia, Luisa, Silvinha, Fernando, os Lancellotti, os Pacheco, os Battistella e os Bueno, os Marques, o Valdemar, a Dirce, o Haroldo, o Calvin, os peixes e os periquitos, e todos os nossos agregados de plantão, que Deus abençoe vocês, muito e muito merecidamente...

Ah, Vodudu, Gigio, Lindy, quantas, tantas saudades...

Explicações

Cem receitas, selecionadas entre duas mil. Ninguém me cobre a escolha, por favor. Na cota dos sessenta anos de idade, me considero um tico mais egoísta. Decido pelo que quero, pelo que desejo mesmo, comer, devorar.

Sou Drácula. Adoro carnes rubras, bem sangrentas – e, por isso, na sua maior parte, as receitas deste livro privilegiam o boi. Tudo bem. Siga, com a sua doce e determinada imaginação, as minhas indicações de procedimentos. Mas, substitua, ao seu talante, os ingredientes que eu aqui sugiro. Faça, por favor, deste livro, um parceiro, um cúmplice, mais do que um orientador...

Divirta-se.

Cozinha é prazer.

Esqueça o esforço.

Ah, eu preciso deslindar uma receita de base, aquela do Molho Rôti, crucial em uma imensidão de alquimias. Trata-se de uma receita complicada, que pede tempo e atenção. Um bom exercício de paciência.

Molho Rôti

Ingredientes para uma boa reserva:

*5kg de ossos de boi, com boas partes de carne
  nas suas pontas
Farinha de trigo
Óleo de milho
Vinho tinto bem seco
1 cebola branca, grande, descascada
Alguns cravos, espetados na cebola*

Modo de fazer:

Pulverizar os ossos e as suas partes de carne com bastante farinha de trigo. Levar ao forno médio, até que a farinha enegreça bastante. Num caldeirão, sobre um fundo de óleo de milho, depositar os ossos e as suas partes de carne. Refogar, rapidamente. Cobrir com o vinho tinto. Levar à ebulição. Misturar e remisturar. Rebaixar o calor. Agregar a cebola e os cravos. Mexer e remexer. Cobrir com água fresca, quatro dedos acima do topo das partes de carne. Levar à fervura, rebaixar o calor. Manter, por cerca de 24 horas, até que o Rôti se adense muito bem, escumando as gorduras, aqui e ali. Peneirar.

Observação: Você pode, tranquilamente, congelar um Rôti, em cubos, numa bandeja trivial de gelo. Assim, utilizará, apenas, a parcela de molho de que necessitar.

Agora, caso não disponha do tempo e da paciência para fazer, em sua casa, um digno Rôti, compre o molho, desidratado, nas boas lojas do mercado...

Petiscos

Rolinhos de presunto com gorgonzola

Ingredientes para uma pessoa:

6 fatias de presunto cru, com o mínimo de gordura
90g de queijo do tipo gorgonzola, à temperatura ambiente
30g de manteiga, à temperatura ambiente
Azeite de olivas, preferivelmente o extra-virgem

Modo de fazer:

Numa terrina, colocar o gorgonzola, a manteiga e um fio de azeite. Com um garfo, transformar a combinação em uma pasta bem amalgamada. Rechear as fatias de presunto com a sua parcela da pasta. Banhar com azeite e servir.

Rolinhos de presunto com kanikama

Ingredientes para uma pessoa:

6 fatias de presunto cru, tipo Parma, com o mínimo de gordura
6 barrinhas de caranguejo prensado, do tipo kanikama
2 colheres, de sopa, de azeite de olivas
¼ de melão-da-amazônia, ou cantalopo
1 copo, normal, de vinho branco, suave, de boa qualidade
1 cálice de vinho do Porto
1 raminho de hortelã

Modo de fazer:

Eliminar as sementes do melão. Daí, com um apetrecho apropriado, fazer um bom punhado de bolinhas iguais. Colocar as bolinhas de banho no vinho branco, virando e revirando, delicadamente. Embrulhar as barrinhas de kani com o presunto. Prender com palitos. Rapidamente, dourar as barrinhas no azeite, apenas o tempo suficiente para o presunto mudar de cor e para as barrinhas se aquecerem. Escorrer. Colocar as bolinhas de melão no centro de um prato conveniente. Ao redor, elegantemente, como os raios do sol, dispor as barrinhas de caranguejo e presunto. Banhar as bolinhas com o vinho do Porto. Enfeitar com o raminho de hortelã. Servir imediatamente.

Frango à passarinho

Ingredientes para uma pessoa:

250g de frango, cortado em bocados, com os ossos
Sal
Pimenta-do-reino
Sumo de limão amarelo, coado
Azeite de olivas
4 dentes de alho, grosseiramente picados
Salsinha verde, bem batidinha

Modo de fazer:

Temperar os bocados de frango, a gosto, com o sal, a pimenta-do-reino e o sumo de limão amarelo. Virar e revirar. Deixar, quinze minutos, na geladeira, para que os bocados de frango absorvam os condimentos. Numa frigideira, aquecer um fundo de azeite de olivas. No azeite, murchar o alho. Dourar o frango, suficientemente, mexendo e remexendo, para que o alho se impregne. Pronto o frango, escorrer e pulverizar, a gosto, com a salsinha verde.

Frango à passarinho com Catupiry

Ingredientes para uma pessoa:

250g de frango, cortado em bocados, com os ossos

Sal
Pimenta-do-reino
Sumo de limão amarelo, coado
Azeite de olivas
4 dentes de alho, grosseiramente picados
½ xícara, de chá, de polpa peneirada de tomates
½ xícara, de chá, de queijo do tipo Catupiry
Salsinha verde, bem batidinha

Modo de fazer:

Temperar os bocados de frango, a gosto, com o sal, a pimenta-do-reino e o sumo de limão amarelo. Virar e revirar. Deixar, quinze minutos, na geladeira, para que os bocados de frango absorvam os condimentos. Numa frigideira, aquecer um fundo de azeite de olivas. No azeite, murchar o alho. Dourar o frango, suficientemente, mexendo e remexendo, para que o alho se impregne. Quase pronto o frango, agregar a polpa e o Catupiry. Misturar e remisturar. No último instante, agregar a salsinha verde. Virar, revirar muito bem e servir.

FRANGO APERITIVO À MODA DO DIABO

Ingredientes para uma pessoa:

250g de peito de frango, cortado em cubos grandes, 2cm x 2cm

Sal
Pimenta-do-reino
Sumo de 1 laranja-de-umbigo
Óleo de milho
4 dentes de alho, grosseiramente picados
½ pimenta vermelha, dedo-de-moça, sem sementes, bem batidinha
Salsinha verde, bem batidinha

Modo de fazer:

Temperar o frango com o sal e com a pimenta-do-reino. Marinar, por alguns minutos, no sumo de laranja. Numa frigideira, aquecer um fundo de óleo de milho. No óleo, murchar o alho. Dourar o frango, suficientemente, mexendo e remexendo, para que o alho se impregne. No último instante, despejar a pimenta vermelha e a salsinha. Virar e revirar. Servir com gomos de laranja.

ASINHAS DE FRANGO À MODA CAJUN

Ingredientes para uma pessoa:

8 asinhas de frango
Sal
Pimenta-do-reino
Páprica picante
4 colheres, de sopa, de óleo de milho
⅓ de xícara, de chá, de ketchup

1 colher, de mesa, de mel
2 colheres, de mesa, de vinagre de vinho branco
1 colher, de sopa, de molho inglês, do tipo Worcestershire
1 colher, de café, de Tabasco
1 colher, de chá, de mostarda amarela
1 dente de alho, micrometricamente picadinho
2 colheres, de sopa, de manteiga
1 folha de louro

Modo de fazer:

Preaquecer o forno, à temperatura máxima. Numa terrina funda, temperar as asinhas, a gosto, com o sal, a pimenta-do-reino e a páprica picante. Banhar as asinhas com metade do óleo de milho. Virar e revirar, para que fiquem, todas, homogeneamente untadas. Depositar numa forma refratária com as partes interiores para baixo. Levar ao forno, por quinze minutos. Paralelamente, combinar o óleo remanescente, o ketchup, o mel, o vinagre, o molho inglês, o Tabasco, a mostarda, o alho, a manteiga, o louro – e mais uma colher, de café, cheia, de páprica picante. Colocar no fogo, médio, até que a manteiga se mostre bem derretida, o mel, integralmente dissolvido. Retirar as asinhas do forno. Pincelar as asinhas, totalmente, com a pasta agridoce. Devolver ao forno. Manter mais quinze minutos. Repincelar.

Devolver ao forno, outros quinze minutos. Enfim, repincelar uma última vez. E devolver ao forno, últimos quinze minutos.

Asinhas de frango à moda do Telmo

Ingredientes para uma pessoa:

8 asinhas de frango
Sal
Pimenta-do-reino
2 xícaras, de chá, de cerveja preta bem amarga
1 colher, de mesa, de mel
1 colher, de sopa, de molho inglês, do tipo Worcestershire
1 colher, de café, de Tabasco
1 colher, de chá, de mostarda amarela
2 colheres, de sopa, de manteiga
1 folha de louro

Modo de fazer:

Preaquecer o forno, à temperatura máxima. Numa terrina funda, temperar as asinhas, a gosto, com o sal, a pimenta-do-reino e a cerveja preta amarga. Virar e revirar, para que fiquem, todas, homogeneamente untadas. Depositar numa forma refratária, as partes interiores para baixo. Levar ao forno, por quinze minutos. Paralelamente, combinar o mel, o molho inglês, o Tabasco, a mostarda, a manteiga e o louro.

Colocar no fogo, médio, até que a manteiga se mostre bem derretida, o mel, integralmente dissolvido. Retirar as asinhas do forno. Pincelar, totalmente, com o molho. Devolver ao forno. Manter mais quinze minutos. Repincelar. Devolver ao forno, outros quinze minutos. Enfim, repincelar uma última vez. E devolver ao forno, últimos quinze minutos.

COXAS DE FRANGO À JOÃO VI

Ingredientes para uma pessoa:

2 coxas de frango, sem as peles
Sal
Pimenta-do-reino
Óleo de milho
2 fatias, finas, de bacon
Vinho tinto bem seco
1 dente de alho, bem esmagado
1 colher, de chá, cheia, de tomilho desidratado
1 folha de louro

Modo de fazer:

Temperar as coxas, a gosto, com o sal e a pimenta-do-reino. Numa frigideira, sobre um fundo de óleo de milho, dourar as coxas, virando e revirando, o suficiente para que a sua superfície fique selada. Retirar. Escorrer.

Embrulhar cada uma das coxas em uma das fatias de bacon. Prender, com palitos, o bacon à carne das coxas. Devolver à frigideira. Rapidamente, dourar o bacon. Retirar. Escorrer. Colocar numa panela pequena, de tamanho suficiente para que caibam as duas coxas com o bacon. Cobrir com o vinho tinto. Agregar o alho, o tomilho e o louro. Levar à fervura. Rebaixar o calor. Em fogo manso, manter por mais dez minutos. Comem-se a coxas com as mãos mesmo.

Coxas de frango à Napoleão

Ingredientes para uma pessoa:

2 coxas de frango, sem as peles
Sal
Pimenta-do-reino
Óleo de milho
1 cebola branca, grosseiramente picada
Vinho tinto bem seco
1 xícara, de chá, de polpa peneirada de tomates
12 folhas de manjericão fresco

Modo de fazer:

Temperar as coxas, a gosto, com o sal e a pimenta-do-reino. Numa frigideira, sobre um fundo de óleo de milho, dourar as coxas, virando e revirando, o suficiente para que a sua superfície fique selada. Retirar. Escorrer. No mesmo fundo, murchar a cebola. Banhar com o vinho tinto. Levar à fervura. Reduzir. Agregar a polpa e o manjericão. Em fogo bem manso, manter por mais dez minutos. Ajustar o ponto do sal. Comem-se a coxas com as mãos mesmo.

O CLÁSSICO FILÉ APERITIVO

Ingredientes para uma pessoa:

250g de filé mignon, cortado em tirinhas, como dedos de criança
Sal
Pimenta-do-reino
1 colher, de sopa, cheia, de manteiga
1 colher, de sopa, de cebola branca, bem picadinha
2 colheres, de sopa, de conhaque de vinho de boa qualidade
½ xícara, de chá, de Molho Rôti (receita na página 10)
½ de xícara, de chá, de polpa peneirada de tomates
1 colher, de sopa, de mostarda amarela
2 colheres, de sopa, de molho inglês, do tipo Worcestershire
Salsinha verde, bem batidinha

Modo de fazer:

Temperar o mignon com o sal e com a pimenta-do-reino. Numa frigideira, derreter a manteiga e murchar a cebola. Depositar a carne. Refogar, virando e revirando, até que mude de cor. Flambar com o conhaque. Acrescentar o Rôti e a polpa de tomates. Levar à fervura. Rebaixar o calor. Agregar a mostarda e o molho inglês. Mexer e remexer. Manter por mais um minutozinho. Espalhar a salsinha. Remisturar. Servir com fatias de pão branco, já tostadinhas.

FILÉ APERITIVO COM CATUPIRY

Ingredientes para uma pessoa:

250g de filé mignon, cortado em tirinhas, como dedos de criança
Sal
Pimenta-do-reino
1 colher, de sopa, cheia, de manteiga
1 colher, de sopa, de cebola branca, bem picadinha
2 colheres, de sopa, de conhaque de vinho de boa qualidade
½ xícara, de chá, de Molho Rôti (receita na página 10)

½ de xícara, de chá, de polpa peneirada de tomates
2 colheres, de sopa, cheias de Catupiry ou requeijão cremoso
Orégano

Modo de fazer:

Temperar o mignon com o sal e com a pimenta-do-reino. Numa frigideira, derreter a manteiga e murchar a cebola. Depositar a carne. Refogar, virando e revirando, até que mude de cor. Flambar com o conhaque. Acrescentar o Rôti e a polpa de tomates. Levar à fervura. Rebaixar o calor. Agregar o Catupiry. Dissolver, completamente, no conjunto. Pulverizar, a gosto, com pitadas de orégano. Remisturar. Servir com fatias de pão branco, já tostadinhas.

Coisas que honram as aves

CODORNAS GRELHADAS COM POLENTA PICANTE

Ingredientes para uma pessoa:

Manteiga
Folhinhas de alecrim fresco
2 codornas, bem limpas
1 colher, de sopa, cheia, de uvas passas, sem os caroços, picadinhas
½ colher, de sopa, de nozes, trituradinhas
½ colher, de sopa, de amêndoas, sem as peles, trituradinhas
½ colher, de sopa, de farinha de rosca, ou farinha de pão torrado
¼ de xícara, de chá, de conhaque de vinho de boa qualidade
250ml de caldo de galinha
200g de farinha de milho
Sal
Pimenta-do-reino
50g de queijo do tipo gorgonzola.

Modo de fazer:

Com um pouco de manteiga e de alecrim, massagear muito bem as codornas, cerca de três minutos cada qual. Numa frigideira de fundo triplo, derreter um pouco de manteiga e amaciar as uvas passas. Agregar as nozes, as amêndoas e a farinha de rosca. Misturar e remisturar. Banhar com o conhaque. Amalgamar muito bem. Usar toda a massa resultante para rechear as codornas. Levar as codornas a um braseiro ou ao forno forte, até que se dourem por igual. Paralelamente, numa caçarola, ferver o caldo de carne. Nele, em chuva, despejar a farinha de milho, misturando e remisturando sem parar, até que a polenta se mostre bem cozida e bem homogênea. Agregar o gorgonzola. Dissolver o queijo na polenta. Servir as codornas sobre a polenta picante.

Galeto à Marengo

Ingredientes para uma pessoa:

Azeite de olivas
2 fatias de pão italiano, tipo filão, com a casca
1 galeto, sem pele, separado em partes, pelas suas juntas anatômicas
Sal
Pimenta branca

1 ovo, clara e gema
4 dentes de alho, sem as cascas
2 tomates, sem as sementes, cortados em quartos
2 pitus (ou, na sua ausência, dois camarões, inteiros)
1 dose de conhaque de vinho de boa qualidade

Modo de fazer:

Numa frigideira, sobre um fundo de azeite, dourar as fatias de pão, em ambas as faces. Reservar. Temperar as partes do galeto com o sal e com a pimenta branca. Na mesma frigideira, se necessário com mais azeite, dourar as partes do galeto. Escorrer. Reservar. Fritar o ovo. Daí, sempre no mesmo azeite, rapidamente, apenas refogar os dentes de alho, os tomates e os pitus, cerca de dois minutos de cada lado. Flambar com o conhaque. Montar o prato com as fatias de pão no meio, as partes do galeto sobre o pão, o ovo sobre as partes do galeto – e, por cima de tudo, a mistura de alho, tomates e pitus.

Frango à caçadora

Ingredientes para uma pessoa:

1 coxa de frango, sem a pele
1 sobrecoxa de frango, sem a pele
1 asa de frango, sem a pele

½ peito de frango, sem o osso e sem a pele, cortado em cubos
Sal
Pimenta-do-reino
Azeite de olivas
1 xícara, de chá, de vinho branco bem seco
3 tomates, sem as sementes, cortados em quartos
1 cebola branca, média, dividida em oito gomos
1 folha de louro
1 colher, de sopa, bem cheia, de salsinha verde, bem batidinha

Modo de fazer:

Temperar as partes do frango com o sal e a pimenta-do-reino. Numa caçarola, sobre um fundo de azeite, dourar as partes do frango. Despejar o vinho branco, virando e revirando para dissolver as gordurinhas que se pregaram ao fundo da panela. Levar à ebulição. Rebaixar o calor. Agregar os tomates, a cebola e o louro. Cozinhar, meigamente, por cerca de quinze minutos – ou até que os tomates comecem a se desmanchar. No último instante, espalhar a salsinha.

Frango ao forno
no creme de curry

Ingredientes para uma pessoa:

1 coxa de frango, sem a pele
1 sobrecoxa de frango, sem a pele
1 asa de frango, sem a pele
½ peito de frango, sem o osso e sem a pele, cortado em cubos
Sal
Pimenta-do-reino
2 colheres, de sopa, cheias, de manteiga
½ xícara, de chá, de vinho branco bem seco
1 xícara, de chá, de creme de leite, preferivelmente o longa-vida
Sumo, coado, de um limão
1 colher, de sopa, rasa, de curry picante

Modo de fazer:

    Temperar as partes do frango com o sal e a pimenta-do-reino. Numa caçarola, derreter a manteiga e refogar as partes do frango. Despejar o vinho branco. Levar à ebulição. Retirar. Escorrer. Coar, bem, a mistura de manteiga e vinho. Fora do calor, agregar o creme de leite, o sumo de limão e o curry. Testar o sabor. Caso necessário, acertar o ponto do sal, da pimenta-do-reino e do curry. Numa forma refratária, bem untada com mais manteiga, depositar as partes do frango. Cobrir com o creme de curry. Levar ao forno médio, para gratinar.

FRANGO À MODA MARAJOARA

Ingredientes para uma pessoa:

1 coxa de frango, sem a pele
1 sobrecoxa de frango, sem a pele
1 asa de frango, sem a pele
½ peito de frango, sem o osso e sem a pele, cortado em cubos
Sal
Pimenta-do-reino
1 xícara, de chá, de vinho tinto bem seco
2 colheres, de sopa, de vinagre de vinho tinto
2 dentes de alhos, bem trituradinhos
Óleo de milho
2 tomates, sem as sementes, grosseiramente picados
1 colher, de sopa, cheia de salsinha verde, bem batidinha
½ xícara, de chá, de camaronetes secos
1 colher, de sopa, de óleo-de-dendê
¼ de xícara, de chá, de leite de coco

Modo de fazer:

Temperar as partes do frango com o sal e a pimenta-do-reino. Combinar o vinho, o vinagre e um dos dentes de alho. Nessa mistura, marinar as partes do frango, da noite para o dia. Escorrer. Coar a mistura. Reservar. Numa panela, sobre um fundo de óleo de milho, dourar as partes do frango, o suficiente para selar bem a sua superfície. Agregar o outro dos dentes de alho, os tomates, a salsinha e o líquido filtrado. Mexer e remexer. Levar à fervura. Rebaixar o calor. Cozinhar, lentamente, até que as partes de frango se mostrem macias. Retirar as partes de frango. Reservar. Colocar, num liquidificador, o caldo resultante com todos os seus ingredientes, mais os camaronetes secos, o óleo-de-dendê e o leite de coco. Bater e rebater. Passar numa peneira fina. Devolver à panela. Recolocar as partes do frango. De novo, levar à fervura.

DRAGOMIROV DE FRANGO

Ingredientes para uma pessoa:

250g de peito de frango, cortado em tirinhas
Sal
Pimenta-do-reino
Páprica picante
Farinha de trigo
1 colher, de sopa, bem cheia, de manteiga

1 colher, de sopa, bem cheia de cebola branca, trituradinha
Conhaque de vinho de boa qualidade
1 colher, de sopa, de molho inglês do tipo Worcestershire
2 colheres, de sopa, de mostarda amarela
¾ de xícara, de chá, de Molho Rôti (receita na página 10)
¾ de xícara, de chá, de polpa peneirada de tomates
4 champignons, frescos, laminados na vertical
1 colher, de sopa, cheia de picles de pepino, picadinho
2 colheres, de sopa, de creme de leite fresco

Modo de fazer:

Temperar o frango com o sal, a pimenta-do-reino e a páprica picante. Passar, de leve, na farinha de trigo. Derreter a manteiga. Murchar a cebola. Refogar o frango. Flambar com o conhaque. Colocar o molho inglês e a mostarda. Mexer e remexer. Incorporar o Rôti e a polpa. Misturar. Cozinhar por cinco minutos. Agregar os champignons laminados, o picles de pepino e o creme de leite. Misturar e remisturar. Manter, no máximo, por mais dois minutozinhos.

Iscas de frango no creme de páprica

Ingredientes para uma pessoa:

250g de peito de frango, cortado em tirinhas
Sal
Pimenta-do-reino
Páprica picante
Farinha de trigo
1 colher, de sopa, bem cheia, de manteiga
1 colher, de sopa, bem cheia, de cebola branca, trituradnha
Conhaque de vinho de boa qualidade
¾ de concha de creme de leite, fresco
1 colher, de sopa, bem cheia, de páprica picante
4 champignons, frescos, laminados na vertical

Modo de fazer:

Temperar o frango com o sal, a pimenta-do-reino e a páprica picante. Passar, de leve, na farinha de trigo. Derreter a manteiga. Murchar a cebola. Refogar o frango. Flambar com o conhaque. Colocar o creme de leite e a colher de sopa, bem cheia, de páprica picante. Misturar e remisturar, até que toda a páprica se dissolva no creme de leite e o torne charmosamente rosadinho. Agregar os champignons laminados. Manter, no máximo, por mais dois minutozinhos.

Frango no Catupiry

Ingredientes para uma pessoa:

250g de peito de frango, cortado em tirinhas
Sal
Pimenta-do-reino
Páprica picante
Farinha de trigo
1 colher, de sopa, bem cheia, de manteiga
1 colher, de sopa, bem cheia, de cebola branca, trituradinha
Conhaque de vinho de boa qualidade
¾ de xícara, de chá, de polpa peneirada de tomates
½ xícara, de chá, de Catupiry, em pelotinhas
1 colher, de sopa, de vinho branco bem seco
2 colheres, de sopa, cheias, de parmesão raladinho

Modo de fazer:

Temperar o frango com o sal, a pimenta-do-reino e a páprica picante. Passar, de leve, na farinha de trigo. Derreter a manteiga. Murchar a cebola. Refogar o frango. Flambar com o conhaque. Depositar tudo numa cumbuca de barro, que possa ir ao forno. Despejar a polpa de tomates, as pelotinhas de Catupiry e o vinho branco. Misturar e remisturar, delicadamente. Cobrir o topo, inteiro, com o parmesão. Levar ao forno, médio, até o parmesão gratinar.

Pollo al gratin

Ingredientes para uma pessoa:

1 colher, de sopa, de vinho branco bem seco
1 colher, de sopa, cheia, de Catupiry
1 colher, de sopa, cheia, de queijo do tipo gorgonzola
1 colher, de sopa, cheia, de queijo do tipo gruyère, raladinho
1 colher, de sopa, cheia, de queijo do tipo emmenthal, raladinho
250g de peito de frango, cortado em tirinhas
Sal
Pimenta-do-reino
1 colher, de sopa, cheia, de manteiga
Conhaque de vinho de boa qualidade
¾ de xícara, de chá, de polpa peneirada de tomates
¾ de xícara, de chá, de creme de leite fresco
Parmesão raladinho em fios

Modo de fazer:

Num processador, mansamente, combinar o vinho, o Catupiry, o gorgonzola, o gruyère e o Emmenthal, até obter uma pasta bem homogênea. Temperar o frango com o sal e a pimenta-do-reino. Numa frigideira, derreter a manteiga e refogar o frango, até que mude de cor. Flambar com um pouco de conhaque. Paralelamente, em outra panela, aquecer a polpa de tomates e diluir a pasta de quatro queijos. Acrescentar o creme de leite. Mexer e remexer muito bem. Caso necessário, acertar o ponto do sal. Agregar o frango. Misturar. Colocar tudo numa cumbuca que vá ao forno. Por cima, espalhar, abundantemente, o parmesão em fios. Levar ao forno, médio, até o parmesão gratinar.

Frango à oriental

Ingredientes para uma pessoa:

250g de peito de frango, cortado em quadrados de 2cm
Sal
Pimenta-do-reino
Óleo de milho
1 colher, de sopa, cheia, de manteiga
1 colher, de chá, de gengibre fresco, bem picadinho

8 quadrados de pimentão vermelho de 2cm
½ cebola branca, grande, dividida em oitavos
1 colher, de sopa, de mel
1 colher, de sopa, de vinho branco
1 colher, de sopa, de shoyu, molho de soja
Um punhado de amendoins torrados, sem casca
Cebolinha verde, em argolinhas, para enfeitar

Modo de fazer:

Temperar o frango com o sal e a pimenta-do-reino. Dourar, superficialmente, em um fundo de óleo de milho. Retirar. Escorrer. Numa frigideira, derreter a manteiga. Murchar o gengibre picadinho. Agregar os quadrados de pimentão e os gomos de cebola. Refogar, até que comecem a amolecer. Despejar o mel. Dissolver, com a ajuda do vinho e do shoyu. Manter, em fogo baixo, por três minutos. Colocar o frango e os amendoins. Terminar o cozimento do frango. No topo do prato que irá à mesa, espalhar as argolinhas de cebolinha verde.

Escalopinhos de frango à otomana

Ingredientes para uma pessoa:

4 escalopinhos de peito de frango, bem limpos, 60g cada qual

Sal
Pimenta-do-reino
Cominho
Azeite de olivas
4 damascos, secos
1 xícara, de chá, de iogurte natural
1 colher, de sopa, cheia, de hortelã, bem picadinha
1 colher, de sopa, de minidadinhos de pepino, com a casca

Modo de fazer:

Temperar os escalopinhos com o sal, a pimenta-do-reino e o cominho. Dourar, em azeite de olivas, noventa segundos de cada lado. Retirar. Escorrer. No mesmo azeite, amaciar os damascos. Retirar. Escorrer. Rapidamente, misturar o iogurte, a hortelã e o pepino. Servir os escalopinhos, rodeados pelos quatro damascos, com o molho de iogurte por cima. Despejar mais azeite.

ESCALOPINHOS DE FRANGO
NO CREME DE LIMÃO

Ingredientes para uma pessoa:
4 escalopinhos de peito de frango, bem limpos, 60g cada qual
Sal

Pimenta-do-reino
Sumo de limão, bem coado
Azeite de olivas
2 colheres, de sopa, cheias, de manteiga
4 colheres, de sopa, de creme de leite, preferivelmente o longa-vida
1 colher, de sopa, de raspinhas de casca de limão, só os verdes

Modo de fazer:

Temperar os escalopinhos com o sal, a pimenta-do-reino e um pouco de sumo de limão. Dourar, em azeite de olivas, noventa segundos de cada lado. Retirar. Escorrer. Paralelamente, numa frigideira, em fogo suave, derreter a manteiga. Agregar o creme de leite, virando e revirando, bastante, de maneira a obter uma emulsão. Temperar com mais um pouco de sumo de limão. Experimentar. É impossível prever a quantidade – cada limão é um limão. O sabor do creme precisa se mostrar levemente azedinho. Despejar as raspinhas de casca. Mexer e remexer. Cobrir os escalopinhos, elegantemente, com o creme de limão.

Escalopinhos de Frango na Tangerina

Ingredientes para uma pessoa:

4 escalopinhos de peito de frango, bem limpos, 60g cada qual
Sal
Pimenta-do-reino
Sumo de tangerina, bem coado
Azeite de olivas
2 colheres, de sopa, cheias, de manteiga
4 colheres, de sopa, de creme de leite, preferivelmente o longa-vida
1 colher, de sopa, de raspinhas de casca de tangerina, só as douradas

Modo de fazer:

Temperar os escalopinhos com o sal, a pimenta-do-reino e um pouco de sumo de tangerina. Dourar, em azeite, noventa segundos de cada lado. Retirar. Escorrer. Paralelamente, numa frigideira, em fogo suave, derreter a manteiga. Agregar o creme de leite, virando e revirando, bastante, de maneira a obter uma emulsão. Temperar com mais um pouco de sumo de tangerina. Testar. É impossível prever a quantidade – cada fruta é uma fruta. O sabor do creme precisa se mostrar levemente azedinho. Despejar as raspinhas de casca. Mexer e remexer. Cobrir os escalopinhos, meigamente, com o creme de tangerina.

Peito de frango à Alessandria

Ingredientes para uma pessoa:

¾ *de xícara, de chá, de maionese*
1 dente de alho, bem trituradinho
1 colher, de sopa, rasa, de salsinha verde, batidinha
1 colher, de sopa, de azeite de olivas
250g de peito de frango, bem limpo e bem aparado
Sal
Pimenta-do-reino
Sumo de laranja, coado
Mais azeite de olivas
½ xícara, de chá, de dadinhos de maçã verde, sem a casca
1 colher, de sopa, cheia, de salsão cortado à juliana
1 colher, de sopa, cheia, de grãos de ervilha, frescos
Vinagre balsâmico

Modo de fazer:

Num liquidificador, bater a maionese, o alho, a salsinha e o azeite de olivas, até obter uma pasta bem homogênea. Caso necessário, passar numa peneira. Reservar na geladeira. Temperar o frango com o sal, a pimenta-do-reino e o sumo de laranja. Dourar, em azeite de olivas, cerca de dois minutos de cada lado. Paralelamente, combinar muito bem a maionese, a maçã, o salsão e os grãos de ervilha. Espalhar a maionese no fundo do prato. Colocar o frango em cima. Enfim, condimentar com mais azeite e com vinagre balsâmico.

Peito de frango La Superba

Ingredientes para uma pessoa:
250g de peito de frango, bem limpo e bem aparado
Sal
Pimenta-do-reino
Sumo de limão, bem coado
3 colheres, de sopa, cheias, de alcaparras
2 colheres, de sopa, cheias, de manteiga
2 colheres, de sopa, de vinho branco bem seco
2 colheres, de sopa, de amêndoas sem as peles, em lascas, tostadinhas

Modo de fazer:
Temperar o frango com o sal, a pimenta-do-reino e o sumo de limão. Separar uma das

colheres de alcaparras. Esmagar num pilão, integralmente. Passar em um coador. Numa frigideira, em uma das colheres de manteiga, dourar o frango, dois minutos de cada lado. Retirar. Escorrer. Despejar o vinho branco, virando e revirando para dissolver as gordurinhas que se pregaram ao fundo. Levar à fervura. Agregar as alcaparras esmagadas. Mexer e remexer. Agregar a manteiga restante. Mexer e remexer. Recolocar o frango. Reaquecê-lo por alguns instantes. Acrescentar as alcaparras restantes e as amêndoas em lascas. Virar e revirar. Manter, em fogo bem baixo, por mais alguns instantes.

Peito de frango à Fiorentina

Ingredientes para uma pessoa:

250g de peito de frango, bem limpo e bem aparado
Sal
Pimenta-do-reino
Óleo de milho
1 dente de alho, bem picadinho
16 folhas de espinafre, cortadas à juliana
50g de grãos de milho, bem amarelos
50g de creme de leite de caixinha longa-vida
Noz-moscada
2 gominhos de tomate

Modo de fazer:

Temperar o frango com o sal e a pimenta-do-reino. Dourar em óleo de milho, dois minutos de cada lado. Escorrer. Reservar. Paralelamente, em mais um pouco de óleo de milho, refogar o alho picadinho e os espinafres à juliana. Acertar o ponto do sal. Reservar. Também paralelamente, num liquidificador, bater muito bem os grãos de milho e o creme de leite. Passar numa peneira. Rapidamente, aquecer o creme de milho. Acertar o ponto do sal. Adicionar uma pitadinha de noz-moscada. No prato que irá à mesa, montar uma cama com os espinafres. Depositar o frango bem no meio dos espinafres. Cobrir com o creme de milho. Enfeitar com os dois gominhos de tomate.

SUPREMO DE FRANGO À POJARSKY

Ingredientes para uma pessoa:

250g de peito de frango, bem limpo e bem aparado
¼ de xícara, de chá, de cascas de pão amanhecido
1 colher, de sopa, de leite integral
1 colher, de mesa, de manteiga
1 colher, de sobremesa, de creme de leite fresco

Sal
Pimenta-do-reino
Noz-moscada
Farinha de rosca, bem grossa
Mais manteiga

Modo de fazer:

Triturar o frango, muito bem, à ponta de faca. Num processador, combinar o pão amanhecido, o leite integral, a manteiga e o creme de leite. Com os dedos molhados em água gelada, amalgamar o frango e a mistura de pão etcetera. Acertar o ponto do sal e da pimenta-do-reino. Condimentar a gosto com a noz-moscada. Amalgamar, de novo. Moldar a massa no formato de um peito de frango, quase um coração. Empanar, generosamente, na farinha de rosca. Guardar o resultado na geladeira, com um pano por cima, ao menos uma hora. Numa frigideira com um fundo de manteiga, dourar, em fogo bem suave.

SUPREMO DE FRANGO À KIEV

Ingredientes para uma pessoa:

1 peito de frango, inteiro, bem limpo e bem aparado
Sal

Pimenta-do-reino
Sumo de limão, bem coado
1 colher, de sopa, rasa, de manteiga
1 colher, de sopa, rasa, de salsinha verde, bem picadinha
Farinha de trigo
1 ovo, bem desmanchadinho e bem batidinho
Farinha de rosca, bem grossa
Azeite de olivas
Manteiga

Modo de fazer:

Com o máximo de delicadeza, debaixo de uma folha de papel-filme, achatar o peito de frango, sem permitir que as suas duas metades se separem. Temperar, nas duas faces, com o sal, a pimenta-do-reino e o sumo de limão. Dourar o peito aberto, apenas superficialmente, numa frigideira antiaderente. De novo, cuidar para que as metades não se separem. Retirar. Escorrer. Depositar, num prato, a parte exterior para baixo. Rechear o interior com a manteiga e com a salsinha picadinha. Meticulosamente, fechar o peito. Passar na farinha de trigo, no ovo e empanar, generosamente, na farinha de rosca. Guardar na geladeira, com um pano por cima, por ao menos uma hora. Numa frigideira, aquecer um bom fundo de azeite de olivas e, nele, derreter uma boa pelota de manteiga.

Dourar o supremo, em fogo brando, três minutos de cada lado.

SUPREMO DE FRANGO À PARMIGGIANA

Ingredientes para uma pessoa:
1 peito de frango, inteiro, bem limpo e bem aparado
Sal
Pimenta-do-reino
Sumo de laranja, bem coado
2 fatias de presunto cru, sem gorduras
2 fatias de mozzarella
Farinha de trigo
1 ovo, bem desmanchadinho e bem batidinho
Farinha de rosca, bem grossa
Azeite de olivas
Manteiga

Modo de fazer:

Com o máximo de delicadeza, debaixo de uma folha de papel-filme, achatar o peito de frango, sem permitir que as suas duas metades se separem. Temperar, nas duas faces, com o sal, a pimenta-do-reino e o sumo de laranja. Dourar o peito aberto, apenas superficialmente, numa frigideira antiaderente. De novo, cuidar para que as metades não se separem. Retirar.

Escorrer. Depositar, num prato, a parte exterior para baixo. Rechear o interior com o presunto cru e com a mozzarella. Meticulosamente, fechar o peito, dobrando, para dentro, o presunto e a mozzarella que ultrapassarem os limites. Passar na farinha de trigo, no ovo e empanar, generosamente, na farinha de rosca. Guardar na geladeira, com um pano por cima, por ao menos uma hora. Numa frigideira, aquecer um bom fundo de azeite de olivas e, nele, derreter uma boa pelota de manteiga. Dourar o supremo, em fogo brando, três minutos de cada lado.

SUPREMO DE FRANGO À MODA DO SL

Ingredientes para uma pessoa:
1 peito de frango, inteiro, bem limpo e bem aparado
Sal
Pimenta-do-reino
Sumo de laranja, bem coado
2 fatias, meio centímetro de espessura, de queijo do tipo brie, sem a casca
2 colheres, de sopa, de geleia de framboesas
Farinha de trigo
1 ovo, bem desmanchadinho e bem batidinho
Farinha de rosca, bem grossa
Azeite de olivas
Manteiga

Modo de fazer:

Com o máximo de delicadeza, debaixo de uma folha de papel-filme, achatar o peito de frango, sem permitir que as suas duas metades se separem. Temperar, nas duas faces, com o sal, a pimenta-do-reino e o sumo de laranja. Dourar o peito aberto, apenas superficialmente, numa frigideira antiaderente. De novo, cuidar para que as metades não se separem. Retirar. Escorrer. Depositar, num prato, a parte exterior para baixo. Rechear o interior com o queijo do tipo brie e com a geleia de framboesas. Meticulosamente, fechar o peito, impedindo que a geleia de framboesas escape para fora das bordas. Passar na farinha de trigo, no ovo e empanar, generosamente, na farinha de rosca. Guardar na geladeira, com um pano por cima, por ao menos uma hora. Numa frigideira, aquecer um bom fundo de azeite de olivas e, nele, derreter uma boa pelota de manteiga. Dourar o supremo, em fogo brando, três minutos de cada lado.

Empadão assado à moda da Filô

Ingredientes para uma forma de 20x30cm:
750g de farinha de trigo, bem peneirada
3 ovos, inteiros

2 colheres, de mesa, de banha de porco
2 colheres, de sopa, de cachaça da boa
Salmoura, ou água com sal, a gosto
1 colher, de chá, cheia, de fermento em pó
2/3 de xícara, de chá, de grãos de milho, dos bem amarelinhos
1 ½ xícara, de chá, de peito de frango já cozido e já desfiadinho
1/3 de xícara, de chá, de palmito picadinho
1/3 de xícara, de chá, de polpa peneirada de tomates
1/3 de xícara, de chá, de creme de leite, levemente batido
½ xícara, de chá, de queijo do tipo queijo-de-minas, bem curado, raladinho
Sal
Pimenta-do-reino
Pitadas de noz-moscada
Mais algumas gemas de ovo, para pincelar o topo do empadão

Modo de fazer:

Numa terrina, misturar a farinha, os ovos, a banha, a cachaça e um tico de salmoura, o necessário até obter uma massa bem lisa e bem brilhante. Guardar, sob um guardanapo, por ao menos uma hora. Paralelamente, preparar o recheio, combinando o milho, a carne do frango, o palmito, a polpa de tomates, o creme de leite e o queijo curado. Temperar, a gosto, com o sal, a pimenta-do-reino e a noz-moscada. Numa superfície bem enfarinhada, abrir a massa, até que fique com cerca de 5mm de espessura e o tamanho suficiente para ocupar toda a forma, no fundo e nos lados – e ainda sobrar uma tampa. Preencher a forma com a mescla de frango etcetera. Daí, cobrir o empadão, selando as suas bordas com um pouco das gemas e comprimindo com a ponta de um garfo. Pincelar muito bem o topo do empadão com o restante das gemas. Furar a tampa, aqui e ali, com um palito, de modo que o seu interior consiga respirar no calor. Levar ao forno médio, preaquecido, até que a massa fique elegantemente bronzeada. Servir o empadão quente, ou mesmo frio.

Faisão quase à Suvarov

Ingredientes para uma forma redonda de 20cm de diâmetro:

500g de farinha de trigo, bem peneirada
2 ovos, inteiros
1 ½ colher, de mesa, de banha de porco
1 colher, de mesa, de conhaque de vinho de boa qualidade
Salmoura, ou água com sal, a gosto
1 colher, de chá, de fermento em pó

Manteiga
1 faisão, sem a pele, desossado, em pedaços que respeitem a sua anatomia
Sal
Pimenta-do-reino
¾ de xícara, de chá, de Molho Rôti (receita na página 10)
¼ de xícara, de chá, de vinho do tipo Madeira ou Marsala
50g de patê de fígado de ganso ou de pato
8 champignons, de tamanhos iguais, graúdos, cortados em quartos
8 ameixas pretas, descaroçadas e bem lavadas de sua calda
Mais algumas gemas de ovo

Modo de fazer:

Numa terrina, misturar a farinha, os ovos, a banha, o conhaque e um tico de salmoura, o necessário até obter uma massa bem lisa e bem brilhante. Guardar, sob um guardanapo, por ao menos uma hora. Numa superfície bem enfarinhada, abrir a massa, até que fique com cerca de 5mm de espessura e o tamanho suficiente para ocupar toda a forma, no fundo e nos lados – e ainda sobrar uma tampa. Untar a forma, inteirinha, com abundante manteiga. Encher o seu interior, no fundo e nos lados, com a parte maior da massa. Temperar o faisão com o sal e a pimenta-do-reino – um pouco mais de pimenta-do-reino do que o normal. Numa caçarolinha, combinar o Rôti, o vinho e o patê, até que se amalgamem. Aquecer, levemente. Aveludar com uma colher, de sopa, cheia, de manteiga. Ajustar o ponto do sal e da pimenta--do-reino. Depositar, equilibradamente, dentro da massa, os pedaços de faisão, os champignons e as ameixas. Banhar com molho. Daí, cobrir, selando as bordas com um pouco das gemas e comprimindo com a ponta de um garfo. Pincelar muito bem o topo com o restante das gemas. Furar a tampa, aqui e ali, com um palito, de modo que o interior consiga respirar no calor. Levar ao forno médio, preaquecido, até que a massa fique elegantemente bronzeada. A forma tem de ser aberta à mesa, para que se libertem, num lampejo, todos os seus aromas.

PATO COM LARANJA

Ingredientes para uma pessoa:
1 coxa de pato, sem a pele
1 sobrecoxa de pato, sem a pele
1 asa de pato, sem a pele
½ peito de pato, sem o osso e sem a pele, cor-
  tado em cubos
Sal

Pimenta-do-reino
1 ½ copo de sumo de laranja, bem coado
½ copo de vinho branco bem seco
1 dente de alho esmagado
1 folha de louro
1 cravo-da-índia
Manteiga derretida
1 laranja-de-umbigo, cortada em gomos, com a casca, sem as sementes
½ copo de água filtrada
1 cálice de Cointreau, Curaçao ou Grand Marnier
½ tablete de caldo de galinha
1 colher, de chá, de farinha de trigo

Modo de fazer:

Temperar as partes do pato com o sal e a pimenta-do-reino. Numa terrina de tamanho apropriado, combinar o sumo de laranja, o vinho branco, o dente de alho e a folha de louro. Marinar as partes do pato, nessa mistura, por ao menos quatro horas. Retirar. Escorrer, preservando o líquido todo. Pincelar as partes do pato com a manteiga derretida. Colocar numa travessa refratária e levar ao forno médio, até que a carne se mostre macia. No entretempo, filtrar o líquido. Aqui e ali, banhar as partes do pato com o líquido coado. Paralelamente, na água misturada ao licor, devidamente aquecida, dissolver o tablete de caldo de galinha e a farinha. Caso empelote, passar numa peneira. No momento justo, retirar as partes do pato. Reservar. Refiltrar o líquido que sobrou na travessa. Depositar em uma caçarola. Agregar o caldo adensado pela farinha. Misturar e remisturar muito bem. Agregar os gomos de laranja. Manter, em fogo suave, até que os gomos se cozinhem. Lançar as partes do pato no molho. De novo, manter, em fogo manso, até que as partes do pato se reesquentem.

Peru à Lindy Regazzoni

Ingredientes para seis pessoas:

1 peru, inteiro, já descongelado, cerca de 4kg de peso
1 tablete de manteiga
Folhinhas de oito raminhos de alecrim fresco
Sumo, bem coado, de quatro laranjas-de--umbigo
Mais 1 laranja-de-umbigo inteira
2 xícaras, de chá, de vinho tinto bem seco
2 xícaras, de chá, de vinho do Porto bem rubro
2 xícaras, de chá, de geleia de amoras negras
1 haste de canela
Pitadas de noz-moscada

Modo de fazer:

Retirar o peru da embalagem e eliminar o saquinho de vísceras que fica no seu vazio interior. Num processador, combinar a manteiga, o alecrim e o sumo das laranjas-de-umbigo. Com o resultado, pacientemente, massagear todo o peru. Furar a laranja, inteira, aqui e ali, com um garfo. Encaixar a laranja no vazio do peru. Embrulhar o peru em papel aluminizado e assá-lo de acordo com as recomendações da embalagem. Paralelamente, numa caçarola, misturar o vinho tinto e o vinho do Porto e levar à ebulição. Rebaixar o calor. Dissolver a geleia. Agregar a haste de canela e condimentar, a gosto, com pitadas de noz-moscada. Fatiar o peru e servi-lo com o molho pungente de amoras pretas.

Peru à americana

Ingredientes para 6 pessoas:

1 peru inteiro, já descongelado, cerca de 4kg de peso
1 xícara, de chá, de dadinhos de pão tostado
Leite
4 colheres, de mesa, de manteiga
2 cebolas brancas, grandes, micrometricamente picadas

3 talos de salsão, idem
1kg de linguiça fresca de lombo de porco
Sal
Pimenta-do-reino
1 colher, de sopa, cheia, de tomilho fresco
1 colher, de sopa, cheia, de salsinha verde, bem batidinha
12 folhas de sálvia
18 azeitonas pretas, das graúdas, sem caroços, grosseiramente picadas

Modo de fazer:

Retirar o peru da embalagem e eliminar o saquinho de vísceras que fica no seu vazio interior. Embrulhar o peru em papel aluminizado e assá-lo de acordo com as recomendações da embalagem – até o momento de se retirar o papel. No entretempo, amaciar os dadinhos de pão em um pouco de leite. Numa frigideira grande, derreter a manteiga e murchar as cebolas e o salsão. Retirar do calor. Eliminar as tripas e as gordurinhas da linguiça. Moer, manualmente, ou num processador. Reaquecer a manteiga das cebolas e do salsão. Refogar a linguiça. Incorporar os dadinhos de pão e o leite. Mexer e remexer. Ajustar, se necessário, o ponto do sal. Temperar com um pouco de pimenta-do--reino, com o tomilho, a salsinha, a sálvia e as azeitonas. Transformar esse conjunto em uma quase pasta. Reservar. No momento de retirar o papel aluminizado, preencher o vazio do peru com a pasta. Costurar as bordas do vazio para que a pasta não escape no final da operação. Devolver o peru ao forno, médio, até que a pele do peito e, principalmente, das coxas, fique bem douradinha.

Coisas que honram o boi

TARTAR STEAK

Ingredientes para uma pessoa:

250g de alcatra, sem gorduras, bem picadinha à ponta de faca
8 alcaparras, bem batidinhas
4 azeitonas pretas, das graúdas, sem caroços, bem batidinhas
1 colher, de sopa, de conhaque de vinho de boa qualidade
1 colher, de chá, de molho inglês do tipo Worcestershire
Gotas de Tabasco
Pitadas de tomilho, preferivelmente o fresco
Pitadas de pimenta-do-reino, moída na hora
Pitadas de noz-moscada
1 colher, de chá, cheia, de salsinha verde, bem picadinha
1 gema de ovo, crua
6 torradinhas, em quadrados, de pão de forma sem a casca

*6 pedaços de pão de centeio, em quadrados,
 sem a casca*

Modo de fazer:

Numa terrina, com dois garfos, combinar a carne, as alcaparras, as azeitonas, o conhaque, o molho inglês, o Tabasco, o tomilho, a pimenta-do-reino, a noz-moscada e a salsinha verde. Experimentar. Caso necessário, ajustar o ponto do sal. No prato que irá à mesa, montar o steak, como um hamburgão. Com uma colher, produzir um rebaixo bem no centro. Encaixar a gema de ovo. Servir com a escolta de torradinhas de pão de forma e com o pão de centeio.

Rosbife com batatas enferrujadas

Ingredientes para seis pessoas:

*1 peça de contrafilé, 1,5kg de peso, bem limpa
 e bem cilindrada*
Sal
Pimenta-do-reino
Noz-moscada
Óleo de milho
1 xícara, de chá, de vinho tinto bem seco
500g de batata pequeninas, daquelas bem redondinhas, descascadas

Modo de fazer:

Carinhosamente, por cerca de cinco minutos, massagear toda a carne com o sal, a pimenta-do-reino e a noz-moscada. Numa frigideira, preferivelmente de aço, fundo triplo, aquecer muito bem um pouco de óleo de milho, cerca de um milímetro de espessura. Bronzear a carne, corajosamente, em todos os seus lados, sem medo de fazer fumaça ou de exagerar na queima da superfície. Retirar a carne. Deixar que descanse, no mínimo por meia hora. No intervalo, despejar o vinho na frigideira, para dissolver as gordurinhas que se pregaram no fundo. Com uma colher de pau, raspar tudo, muito bem. Despejar numa panela normal. Colocar as batatinhas. Cobrir com água já fervente. Ajustar o ponto do sal. Cozinhar as batatinhas até que se amaciem. Fatiar o rosbife em lâminas finas, cerca de 2mm de espessura. Servir com as batatinhas ao lado.

CARNE LOUCA

Ingredientes para seis pessoas:
*Uma peça de lagarto, 1,5kg de peso, bem limpa
    e bem cilindrada*
Sal
Pimenta-do-reino

Manteiga
1 ½ xícara, de chá, de vinho tinto bem seco
3 colheres, de sopa, de azeite de olivas
3 cebolas brancas, grandes, finamente fatiadas
2 colheres, de sopa, de vinagre balsâmico
3 colheres, de sopa, bem cheias, de alcaparras
12 azeitonas verdes, das graúdas, bem laminadinhas
1 colher, de sopa, bem cheia, de salsinha verde, batidinha
1 colher, de café, de orégano

Modo de fazer:

Carinhosamente, por cerca de cinco minutos, massagear toda a carne com o sal e a pimenta-do-reino. Numa assadeira, muito bem untada com manteiga, assar a peça, virando e revirando, até que se doure por igual. Retirar. Esperar que volte à temperatura ambiente. Fatiar, o mais fino possível. Reservar. Depositar a assadeira em uma boca do fogão. Despejar o vinho tinto. Levar à fervura, para que as gordurinhas do fundo se dissolvam no vinho. Coar. Numa panela, aquecer o azeite. Murchar as cebolas fatiadas. Despejar o vinho coado e o vinagre balsâmico. Retomar a fervura. Reduzir, por dois minutos. Agregar as alcaparras, as azeitonas laminadinhas, a salsinha e o orégano. Misturar e remisturar. Na travessa que irá à mesa, depositar uma camada das rodelas de carne, uma camada do molho acebolado, mais uma camada de carne – e assim por diante, até que a carne se esgote, bem cobertinha pelo seu molho.

PICADINHO CIRCUS CLUB

Ingredientes para uma pessoa:

Óleo de milho
½ cebola branca, média, bem batidinha
200g de filé mignon, bem picadinho à ponta de faca
4 colheres, de sopa, de vinho tinto bem seco
Sal
Pimenta-do-reino
Noz-moscada
¾ de xícara, de chá, de Molho Rôti (receita na página 10)
¼ de xícara, de chá, de polpa peneirada de tomates
¼ de pimentão vermelho, cortado em dadinhos bem pequenos
3 colheres, de sopa, de grãos de milho, dos bem amarelinhos
3 colheres, de sopa, de grãos de ervilha frescos

Modo de fazer:

Numa frigideira, sobre um fundo de óleo de milho, murchar a cebola. Refogar a carne, até que comece a mudar de cor. Despejar o vinho. Levar à fervura, mexendo e remexendo. Reduzir. Temperar a carne com o sal, a pimenta-do-reino e a noz-moscada. Incorporar o Rôti e a polpa de tomates. Virar e revirar. Agregar o pimentão vermelho. Virar e revirar. Esperar que amacie. Agregar o milho e os grãos de ervilha. Virar e revirar. Caso necessário, ajustar o ponto do sal, da pimenta-do-reino e da noz-moscada. Servir o picadinho com arroz branco, batatinhas do tipo palha, uma banana frita e um ovo pocheado.

As polpetinhas do SL

Ingredientes para uma pessoa:

1 fatia de pão de forma, sem a casca
2 colheres, de sopa, de leite integral
3 azeitonas pretas, das graúdas, sem os caroços
1 colher, de sopa, cheia, de uvas passas, das douradas, sem caroços
1 colher, de sopa, cheia, de alcaparras
120g de patinho, moído, sem gorduras e sem enervações
Sal
Pimenta-do-reino

Noz-moscada
4 cubinhos de mozzarella, de 15mm de lado
Farinha de trigo
Óleo de milho

Modo de fazer:

Molhar o pão de forma com o leite. Num processador, combinar o pão, o leite restante que não se impregnou ao pão, as azeitonas, as passas e as alcaparras. Transformar tudo numa pasta. Com as mãos, bem molhadas em água gelada, incorporar a pasta ao patinho moído. Pacientemente, misturar e remisturar, até obter uma massa bem consistente. Dividir em quatro partes iguais. Produzir quatro bolinhas, cada qual recheada com um dos cubinhos de mozzarella. Passar na farinha de trigo e dourar, por imersão, em bastante óleo de milho. Polpetinhas se degustam como antepasto ou na escolta de um bom prato de macarrão em molho de tomates. Nesse caso, enquanto a massa cozinhar em água obviamente abundante, reaquecer as polpetinhas no molho de tomates.

O POLPETÃO DO SL, VERSÃO SIMPLES

Ingredientes para uma pessoa:

200g de contrafilé, moído, sem gorduras e sem enervações

Sal
Pimenta-do-reino
Noz-moscada
4 fatias, finas, de mozzarella
Farinha de rosca, bem grossa
Molho de tomates, já condimentado e já cozido
Queijo parmesão, finamente ralado

Modo de fazer:

Temperar a carne, a gosto, com o sal, a pimenta-do-reino e a noz-moscada. Com as mãos molhadas em água gelada, dividir a carne em duas partes iguais. Esticar cada uma das partes, no justo formato de um disco, cerca de 15cm de diâmetro. Sobre uma das metades, depositar as fatias de mozzarella. Cobrir com a outra metade. Selar muito bem as bordas, para que o polpetão não se abra. Empanar, generosamente, com a farinha de rosca. Reservar, com um pano por cima, na geladeira, por ao menos 24 horas. Retirar. Dourar, por imersão, em bastante óleo de milho. Servir com o molho de tomates, fumegante, por cima. Espalhar o parmesão. O calor do molho derreterá o parmesão.

O POLPETÃO DO SL, VERSÃO REQUINTADA

Ingredientes para uma pessoa:

2 colheres, de sopa, bem cheias, de funghi secchi
Vinho tinto bem seco
1 colher, de chá, cheia de manjericão picadinho
1 dente de alho, bem triturado
2 champignons, frescos, laminados na vertical
200g de contrafilé, moído, sem gorduras e sem enervações
Sal
Pimenta-do-reino
Noz-moscada
Farinha de rosca, bem grossa
Molho de tomates, já condimentado e já cozido
Queijo parmesão, finamente ralado

Modo de fazer:

Deixar os funghi secchi, por meia hora, de banho no vinho tinto. Escorrer. Picar, grosseiramente. Misturar ao manjericão e ao alho. Reservar. Temperar a carne, a gosto, com o sal, a pimenta-do-reino e a noz-moscada. Com as mãos molhadas em água gelada, dividir a carne em duas partes iguais. Esticar cada uma das partes, no justo formato de um disco, cerca de 15cm de diâmetro. Sobre uma das metades, depositar os funghi e os champignons. Cobrir com a outra metade. Selar muito bem as bordas, para que o polpetão não se abra. Empanar, generosamente, com a farinha de rosca. Reservar, com um pano por cima, na geladeira, por ao menos 24 horas. Retirar. Dourar, por imersão, em bastante óleo de milho. Servir com o molho de tomates, fumegante, por cima. Espalhar o parmesão. O calor do molho derreterá o parmesão.

KAFTAS NO ESPETO

Ingredientes para uma pessoa:

50g de trigo para quibe
Água gelada
200g de patinho, moído, sem gorduras e sem enervações
1 colher, de sopa, rasa, de hortelã fresca, bem batidinha
1 colher, de sopa, rasa, de salsinha verde, bem batidinha
Sal
Pimenta-do-reino
Noz-moscada
Cominho em pó
Óleo de milho

Modo de fazer:

Colocar o trigo numa cumbuquinha e cobrir com água gelada. Esperar que se regenere. Colocar num guardanapo e comprimir bem, para eliminar o excesso de água. Numa terrina, combinar o trigo, a carne, uma colher de hortelã e mais a salsinha. Com as mãos molhadas, misturar e remisturar. Acertar o ponto do sal, da pimenta-do-reino, da noz-moscada e do cominho. Dividir a massa em duas partes iguais. Sempre com as mãos molhadas, ao redor de espetinhos de madeira ou de metal, moldar as duas partes no formato de linguiças. Dourar, homogeneamente, numa frigideira grande, bem untada com óleo de milho.

KAFTAS COM GORGONZOLA

Ingredientes para uma pessoa:

50g de trigo para quibe
Água gelada
200g de patinho, moído, sem gorduras e sem enervações
1 colher, de sopa, rasa, de hortelã fresca, bem batidinha
1 colher, de sopa, rasa, de salsinha verde, bem batidinha

Sal
Pimenta-do-reino
Noz-moscada
Cominho em pó
Óleo de milho
2 colheres, de chá, de queijo do tipo gorgonzola

Modo de fazer:

Colocar o trigo numa cumbuquinha e cobrir com água gelada. Esperar que se regenere. Colocar num guardanapo e comprimir bem, para eliminar o excesso de água. Numa terrina, combinar o trigo, a carne, a hortelã e a salsinha. Com as mãos molhadas em água gelada, misturar e remisturar. Acertar o ponto do sal, da pimenta-do-reino, da noz-moscada e do cominho. Dividir a massa em duas partes iguais. Rechear cada uma das metades com sua parcela respectiva de gorgonzola. Sempre com as mãos molhadas, moldar as duas partes no formato de linguiças. Daí, dourar, homogeneamente, em óleo de milho.

HAMBURGÃO CONTINENTAL

Ingredientes para uma pessoa:
160g de alcatra totalmente limpa, moída
90g de picanha totalmente limpa, moída

½ ovo, bem desmanchado
1 colher, de sopa, de mostarda amarela Hemmer
1 colher, de sopa, de Ketchup picante
1 colher, de chá, de molho inglês Lea & Perrins
1 colher, de sopa, de salsinha picadinha
Sal
Pimenta-do-reino

Modo de fazer:

Numa batedeira, combinar todos os ingredientes. Modelar o hamburgão, no seu formato convencional, com cerca de 15cm de diâmetro. Grelhar num broiler ou dourar numa frigideira, sobre óleo de milho, dois minutos de cada lado.

QUIBE DA BANDEJA DA VIVI

Ingredientes para uma forma de 20x30cm:

400g de trigo para quibe
1,2kg de carne moída, de preferência patinho, sem gorduras e sem nervos
½ xícara, de chá, de salsinha verde, picadinha
½ xícara, de chá, de folhas frescas de hortelã, batidinhas
1 cálice de licor de menta
Sal
Pimenta-do-reino
1 pitada de cominho em pó

1 cebola branca, grande, finamente fatiada
Manteiga
¹/₃ de xícara, de chá, de amêndoas sem pele, tostadas, cortadas em lascas
¹/₃ de xícara, de chá, de uvas passas, das douradas, sem caroços
¹/₃ de xícara, de chá, de damascos secos, em lascas

Modo de fazer:

Colocar o trigo numa cumbuquinha e cobrir com água gelada. Esperar que se regenere. Colocar num guardanapo e comprimir bem, para eliminar o excesso de água. Combinar o trigo, a carne, a salsinha e a hortelã e o licor. Acertar o ponto do sal, da pimenta-do-reino e do cominho, que deve ser um pouquinho marcante. Misturar. Rapidamente, bronzear a cebola num pouco de manteiga. Dividir a massa de carne e trigo em duas partes. Com uma das metades, forrar o fundo da forma, comprimindo cuidadosamente, a fim de eliminar os vazios. Cuidado para não pressionar em demasia – isso deixará o quibe do SL mais duro do que convém. Misturar a cebola, as amêndoas, as passas e as lascas dos damascos. Espalhar por cima da primeira das metades. Cobrir com o restante da massa de carne e trigo. De novo, meigamente, eliminar os vazios e alisar o topo do quibe. Com uma faca bem afiada, criar alguns sulcos, no desenho de losangos, no topo do quibe. Em cada um dos cruzamentos, colocar uma minipelotazinha de manteiga. Levar ao forno médio, até que a parte de cima do quibe se mostre tostada. Servir quente ou frio, conforme prefira.

Guisado de alcatra na moranguinha

Ingredientes para uma pessoa:

1 moranguinha, 20cm de diâmetro
Manteiga
½ cebola, média, bem picadinha
200g de alcatra, cortada em cubinhos de 2cm de lado
Sal
Pimenta-do-reino
¼ de xícara, de chá, de vinho tinto bem seco
¾ de xícara, de chá, de polpa peneirada de tomates
6 uvas verdes, sem peles e sem caroços
6 uvas pretas, sem peles e sem caroços
1 colher de sopa, rasa, de salsinha verde, bem batidinha

Modo de fazer:

Cortar a tampa da moranguinha. Eliminar as suas sementes. Com uma colher, e o máximo de cuidado, escavar o seu interior, deixando uma espessura de 2cm. Cortar a polpa em cubinhos de 2cm de lado. Cozinhar, em água e sal, até que os cubinhos comecem a se amaciar. Atenção: em hipótese nenhuma permitir que eles se desmanchem. Escorrer. Reservar. Temperar a alcatra com o sal e com a pimenta-do-reino. Numa caçarola, derreter a manteiga e, nela, dourar a carne. Banhar com o vinho. Ferver, para que o álcool do vinho evapore. Agregar a polpa de tomates. Mexer e remexer. Retomar a ebulição. Rebaixar o calor. Em fogo brando, cozinhar por cinco minutos. Incorporar os cubinhos de moranga. Virar e revirar, com o máximo de delicadeza, para não machucá-los. No momento em que os cubinhos de moranga se mostrarem no ponto justo, mas ainda intactos, incorporar as uvas verdes e as uvas pretas. Apenas aquecer as uvas. Dividir o guisado em quatro porções e depositar no interior das moranguinhas. Pulverizar com a salsinha e levar à mesa.

BOEUF BOURGUIGNONNE

Ingredientes para uma pessoa:
1 colher, de chá, de azeite de olivas
2 colheres, de sopa, cheias, de manteiga

30g de bacon, cortado em tirinhas bem delicadas
½ cebola branca, média, em fatias finas
200g de alcatra, limpa, cortada em cubos de 2cm de lado
1 xícara, de chá, de vinho tinto seco, do tipo Borgonha
1 colher, de café, de folhinhas de tomilho
1 colher, de café, de folhinhas de alecrim
8 rodelas de cenoura
4 champignons, médios, de tamanhos iguais, em quartos
1 colher, de mesa, de polpa peneirada de tomates
Sal
Pimenta-do-reino

Modo de fazer:

Numa panela, em fogo médio, aquecer o azeite e derreter metade da manteiga. Dourar o bacon e a cebola. Retirar. Reservar. No mesmo fundo, dourar a carne por igual. Devolver o bacon e a cebola. Temperar tudo com o sal e a pimenta-do-reino. Misturar e remisturar. Incorporar o vinho, o tomilho, o alecrim e as rodelas de cenoura. Tampar a panela. Manter, em fogo mínimo, por cerca de meia hora. No remanescente da manteiga, refogar os champignons. Agregar à carne. Acrescentar a polpa de tomates. Mexer e remexer, com delicadeza, para que a polpa de tomates se impregne, totalmente, ao molho de vinho.

CHOP-SUEY DE FILÉ MIGNON

Ingredientes para uma pessoa:

Óleo de milho
¼ de cebola branca, cortada em tirinhas bem finas
1 colher, de sopa, cheia, de tirinhas bem finas de gengibre
¼ de pimentão vermelho, cortado em tirinhas bem finas
¼ de cenoura, cortada em tirinhas bem finas
1 talo de salsão, cortado em tirinhas bem finas
150g de filé mignon, cortado em tirinhas bem finas
Sal
Pimenta-do-reino
¼ de xícara, de chá, de shoyu
¼ de xícara, de chá, de polpa peneirada de tomates
1 colher, de mesa, de suco de abacaxi, bem coado
¼ de xícara, de chá, de moyashii, (brotinhos de feijão)

Modo de fazer:

Numa frigideira, sobre um fundo de óleo de milho, pacientemente murchar a cebola, o gengibre, o pimentão, a cenoura e o salsão. Precisarão cozinhar – mas, ainda, manter uma certa crocância. Temperar as tirinhas de carne com o sal e a pimenta-do-reino. Refogar, rapidamente. Incorporar o shoyu, a polpa de tomates e o suco de abacaxi. Misturar e remisturar. Cozinhar, por mais alguns instantes. No último instante, agregar os brotinhos de feijão e servir.

O verdadeiro Stroganov

Ingredientes para uma pessoa:

250g de peito de filé mignon, cortado em iscas
Sal
Pimenta-do-reino
Páprica picante
Farinha de trigo
1 colher, de sopa, bem cheia, de manteiga
1 colher, de sopa, bem cheia, de cebola branca, trituradinha
Conhaque de vinho de boa qualidade
1 colher, de sopa, de molho inglês, do tipo Worcestershire
2 colheres, de sopa, de mostarda amarela

¾ *de xícara, de chá, de Molho Rôti (receita na página 10)*
¾ *de xícara, de chá, de polpa peneirada de tomates*
4 champignons, frescos, laminados na vertical
1 colher, de sopa, cheia, de picles de pepino, picadinho
2 colheres, de sopa, de creme de leite fresco

Modo de fazer:

Temperar o mignon com o sal, a pimenta-do-reino e a páprica picante. Passar, de leve, na farinha de trigo. Derreter a manteiga. Murchar a cebola. Refogar a carne. Flambar com o conhaque. Colocar o molho inglês e a mostarda. Mexer e remexer. Incorporar o Rôti e a polpa. Misturar. Cozinhar por cinco minutos. Agregar os champignons laminados, o picles de pepino e o creme de leite. Misturar e remisturar. Manter, no máximo, por mais dois minutozinhos.

O Stroganov da emergência

Ingredientes para uma pessoa:
¾ *de xícara, de chá, de polpa peneirada de tomates*
1 tablete de caldo de carne
250g de filé mignon, cortado em iscas
Sal

Pimenta-do-reino
Páprica picante
Farinha de trigo
1 colher, de sopa, bem cheia, de manteiga
1 colher, de sopa, bem cheia, de cebola branca, trituradinha
Conhaque de vinho de boa qualidade
1 colher, de sopa, de molho inglês do tipo Worcestershire
2 colheres, de sopa, de mostarda amarela
4 champignons, frescos, laminados na vertical
1 colher, de sopa, cheia, de picles de pepino, picadinho
2 colheres, de sopa, de creme de leite fresco

Modo de fazer:

Ferver a polpa de tomates. Rebaixar o calor. Na polpa, dissolver o tablete de caldo de carne. Temperar o mignon com o sal, a pimenta-do--reino e a páprica picante. Passar, de leve, na farinha de trigo. Derreter a manteiga. Murchar a cebola. Refogar o frango. Flambar com o conhaque. Colocar o molho inglês e a mostarda. Mexer e remexer. Incorporar a polpa. Misturar. Cozinhar por cinco minutos. Agregar os champignons, o picles de pepino e o creme de leite. Misturar e remisturar. Manter, no máximo, por mais dois minutozinhos.

Stroganov à milanesa

Ingredientes para uma pessoa:

250g de filé mignon, cortado em iscas
Vinho tinto, bem seco, de boa qualidade
Sal
Pimenta-do-reino
Noz-moscada
Farinha de trigo
Ovos desmanchados, levemente batidos
Farinha de rosca, bem grossa
Óleo de milho

Modo de fazer:

Marinar o mignon, no vinho tinto, por ao menos uma hora. Escorrer. Temperar com o sal, a pimenta-do-reino e a noz-moscada. Passar na farinha de trigo e nos ovos desmanchados. Empanar, generosamente, na farinha de rosca. Dourar, pacientemente, em bastante óleo de milho, temperatura média.

Emincées de mignon ao curry

Ingredientes para uma pessoa:

250g de filé mignon, cortado em lascas bem delicadas
Sal
Pimenta-do-reino

1 colher, de sopa, bem cheia, de manteiga
1 colher, de sopa, bem cheia, de cebola branca, trituradinha
Conhaque de vinho de boa qualidade
¾ de xícara, de chá, de polpa peneirada de tomates
¼ de xícara, de chá, de mango-chutney, bem peneirado
1 colher, de sobremesa, de licor de anis
2 unidades de anis estrelado, levemente quebradas
4 sementes de cardamomo, levemente quebradas
1 colher, de sopa, rasa, de curry picante
2 colheres, de sopa, de creme de leite fresco

Modo de fazer:

Temperar o mignon com o sal e a pimenta-do-reino. Derreter a manteiga. Murchar a cebola. Refogar a carne. Flambar com o conhaque. Reservar. Em outra panela, levar à fervura a polpa de tomates. Incorporar o mango-chutney, o licor, o anis estrelado e o cardamomo. Misturar e remisturar. Rebaixar a temperatura ao mínimo possível. Cozinhar por cinco minutos. Coar. Despejar na carne. Reaquecer, virando e revirando. Agregar o curry. Mexer e remexer, até que o curry se dissolva. No último instante, agregar o creme de leite.

SALTIMBOCCA ALLA ROMANA

Ingredientes para uma pessoa:

4 escalopinhos de filé mignon, 60g cada qual
Sal
Pimenta-do-reino
Farinha de trigo
1 colher, de sopa, de azeite de olivas
1 colher, de sopa, de manteiga
8 folhas de sálvia, frescas, grandes
4 fatias de presunto cru, com o mínimo de gordura

Modo de fazer:

Temperar os escalopinhos com o sal e a pimenta-do-reino. Passar, levemente, na farinha de trigo. Numa frigideira, aquecer o azeite e derreter a manteiga. Depositar os escalopinhos. Manter, cinco segundos de cada lado. Retirar. Embrulhar os escalopinhos com as fatias de presunto cru, deixando, dentro, uma folha de sálvia de cada lado. Reaquecer a mistura de azeite e manteiga. Terminar, então, a fritura dos escalopinhos envolvidos pelo presunto.

Scaloppine alla fonduta

Ingredientes para uma pessoa:

1 colher, de sopa, de vinho branco bem seco
1 colher, de sopa, cheia, de Catupiry
1 colher, de sopa, cheia, de queijo do tipo gorgonzola
1 colher, de sopa, cheia, de queijo do tipo gruyère, raladinho
1 colher de sopa, cheia, de queijo do tipo emmenthal, raladinho
4 escalopinhos de filé mignon, 60g cada qual
Sal
Pimenta-do-reino
Farinha de trigo
1 colher, de sopa, cheia, de manteiga
$1/3$ de xícara, de chá, de creme de leite fresco
1 cálice de licor de amêndoas, tipo Amaretto di Saronno

Modo de fazer:

Num processador, mansamente, combinar o vinho, o Catupiry, o gorgonzola, o gruyère e o emmenthal, até obter uma pasta bem homogênea. Temperar os escalopinhos com o sal e a pimenta-do-reino. Passar, levemente, na farinha de trigo. Numa frigideira, derreter a manteiga. Refogar os escalopinhos, trinta segundos de cada lado. Em outra panela, diluir a pasta de queijos no creme de leite e no Amaretto. Despejar o molho resultante sobre os escalopinhos.

Scaloppine al limone

Ingredientes para uma pessoa:

4 escalopinhos de filé mignon, 60g cada qual
Sal
Pimenta-do-reino
Sumo de limão, bem coado
Azeite de olivas
2 colheres, de sopa, cheias, de manteiga
2 colheres, de sopa, de creme de leite, preferivelmente o longa-vida
1 colher, de sopa, de raspinhas de casca de limão, só os verdes

Modo de fazer:

Temperar os escalopinhos com sal, pimenta-do-reino e um pouco de sumo de limão. Aquecer o azeite de olivas. Dourar os escalopinhos, trinta segundos de cada lado. Escorrer. Reservar. Em outra frigideira, derreter a manteiga. Agregar o creme de leite, virando e revirando, bastante, de maneira a obter uma emulsão. Temperar com um pouco de sumo de limão. Experimentar. É impossível prever a quantidade – cada limão é um limão. O gosto tem de ficar azedinho. Despejar as raspinhas. Reaquecer os escalopinhos no seu creme.

Scaloppine alla pesca

Ingredientes para uma pessoa:

4 escalopinhos de filé mignon, 60g cada qual
Sal
Pimenta-do-reino
Azeite de olivas
2 colheres, de sopa, cheias, de manteiga
2 colheres, de sopa, de creme de leite, preferivelmente o longa-vida
½ xícara de chá, de suco de pêssego, bem filtrado
1 colher, de sopa, de raspinhas de casca de limão, só os verdes

Modo de fazer:

Temperar os escalopinhos com o sal e a pimenta-do-reino. Aquecer o azeite de olivas. Dourar os escalopinhos, trinta segundos de cada lado. Escorrer. Reservar. Em outra frigideira, derreter a manteiga. Agregar o creme de leite, virando e revirando, bastante, de maneira a obter uma emulsão. Acrescentar o suco de pêssego e as raspinhas. Reaquecer os escalopinhos no seu creme.

SCALOPPINE AL MARSALA

Ingredientes para uma pesssoa:

4 escalopinhos de filé mignon, 60g cada qual
Sal
Pimenta-do-reino
Farinha de trigo
1 colher, de sopa, cheia, de manteiga
¾ de xícara, de chá, de Molho Rôti (receita na página 10)
¼ de xícara, de chá, de vinho Marsala ou o equivalente, semi-seco
5 champignons, frescos, laminados na vertical

Modo de fazer:

Temperar os escalopinhos com o sal e a pimenta-do-reino. Passar, levemente, na farinha de trigo. Numa frigideira, em fogo manso, derreter a manteiga. Dourar os escalopinhos, trinta segundos de cada lado. Despejar o Rôti, o Marsala e os champignons. Misturar e remisturar. Levar à ebulição. Rebaixar o calor ao ponto mínimo. Experimentar. Caso necessário, acertar o ponto da pimenta-do-reino e do Marsala. Daí, manter, por mais um minutozinho.

ESCALOPINHOS ALLA PIZZAIOLA

Ingredientes para uma pessoa:

4 escalopinhos de filé mignon, 60g cada qual
Sal
Pimenta-do-reino
Noz-moscada
Farinha de trigo
2 colheres, de sopa, de azeite de olivas
1 colher, de sobremesa, de alho, cortado em palitinhos
2 colheres, de sopa, de vinho tinto bem seco
Polpa de 1 ½ tomate, com casca, em dadinhos
6 azeitonas pretas, sem caroços, em lascas
Orégano

Modo de fazer:

Temperar os escalopinhos com o sal, a pimenta-do-reino e a noz-moscada. Passar, levemente, na farinha de trigo. Numa frigideira, aquecer o azeite e murchar o alho, sem que se doure. Reservar o alho e dourar os escalopinhos, trinta segundos de cada lado. Reservar os escalopinhos, junto com o alho, e despejar o vinho tinto. Levar à fervura. Reduzir à metade. Agregar o tomate. Mexer e remexer, até que os dadinhos comecem a murchar. Recolocar o alho e os escalopinhos. Acrescentar as azeitonas e algumas pitadas, fundamentais, de orégano.

Mexer e remexer. Acertar o ponto do sal e da pimenta-do-reino.

SCALOPPINE ALLA DIAVOLINA

Ingredientes para uma pessoa:

4 escalopinhos de filé mignon, 60g cada qual
Sal
Pimenta-do-reino
Noz-moscada
Páprica picante
Farinha de trigo
1 colher, de sopa, cheia, de manteiga
½ xícara, de chá, de Molho Rôti (receita na página 10)
½ xícara, de chá, de polpa peneirada de tomates
1 colher, de sopa, cheia de uvas passas, das amarelas, sem caroços
1 colher, de sopa, rasa, de pimentinhas verdes em grãos

Modo de fazer:

Temperar os escalopinhos com o sal, a pimenta-do-reino e a páprica picante. Passar, levemente, na farinha de trigo. Numa frigideira, derreter a manteiga. Dourar os escalopinhos, trinta segundos de cada lado. Despejar o Rôti, a polpa de tomates, as passas e as pimentinhas. Misturar a remisturar. Levar à fervura. Rebaixar o calor. Caso necessário, experimentar o ponto da pimenta-do-reino e da páprica picante. Cozinhar por, no máximo, mais noventa segundos.

Scaloppine alla Paolo Rossi

Ingredientes para uma pessoa:

4 escalopinhos de filé mignon, 60g cada qual
Sal
Pimenta-do-reino
Farinha de trigo
1 colher, de sopa, bem cheia, de manteiga
2 fatias de presunto cru, tipo parma, sem as gorduras, em tirinhas
Um toque de conhaque
¾ de xícara, de chá, de Molho Rôti (receita na página 10)
¼ de xícara, de chá, de vinho branco bem seco
Salsinha verde, bem picadinha

Modo de fazer:

Temperar os escalopinhos com o sal e a pimenta-do-reino. Passar, levemente, na farinha de trigo. Numa frigideira, derreter a manteiga. Rapidamente, dourar os escalopinhos, trinta segundos de cada lado. Colocar as tirinhas de presunto. Virar e revirar. Flambar com o conhaque. Incorporar o Rôti e o vinho branco. Levar à ebulição. Rebaixar o calor ao mínimo possível. Daí, cozinhar por mais noventa segundos – e, então, pulverizar com a salsinha bem picadinha.

OS BIFES DE PANELA DA NENA

Ingredientes para uma pessoa:

2 bifes de filé mignon, 120g cada qual
Sal
Pimenta-do-reino
2 colheres, de sopa, de azeite de olivas
½ xícara, de chá, de vinho tinto bem seco
½ cebola, grande, cortada em gomos
2 tomates, sem as sementes, mas com a pele, talhados em dadinhos
1 colher, de chá, de mostarda
1 colher, de chá, de molho inglês do tipo Worcestershire
Pitadas de tomilho, preferivelmente o fresco

Modo de fazer:

Temperar os bifes com o sal e a pimenta-do-reino. Numa caçarola, aquecer o azeite e refogar os bifes, trinta segundos de cada lado.

Agregar o vinho tinto, a cebola e os tomates. Rebaixar o calor ao mínimo possível. Cozinhar, até que as cebolas se amolenguem e os tomates comecem a se desmanchar. Colocar a mostarda e o Worcestershire. Condimentar com o tomilho. Manter a caçarola tampada, por mais cinco minutos. Acertar, se necessário, o ponto do sal.

Surf and turf

Ingredientes para uma pessoa:

3 camarões, dos graúdos, inteiros, cabeças e carapaças
Sumo de limão amarelo
1 medalhão de filé mignon, 120g de peso
Sal
Pimenta-do-reino
2 colheres, de sopa, bem cheias, de maionese normal
1 colher, de chá, de pepino em conserva, picadinho
1 colher, de chá, de cenoura em conserva, batidinha
1 colher, de café, de mostarda amarela
1 colher, de café, de ketchup
1 colher, de café, de hortelã, batidinha
Azeite de olivas

Modo de fazer:

Numa frigideira antiaderente, sem gordura nenhuma, em fogo forte, chapear os camarões, noventa segundos de cada lado. Retirar. Despejar em uma bacia, com água e com pedras de gelo. Esperar que os camarões se resfriem. Limpar os crustáceos, eliminando as cabeças, as carapaças e as vísceras. Temperá-los com sumo de limão amarelo, a gosto. Reservar. Condimentar o medalhão com o sal e a pimenta--do-reino. Reservar. Combinar a maionese normal, o pepino em conserva, a cenoura em conserva, a mostarda, o ketchup e a hortelã. Numa frigideira, sobre um fundo de azeite, dourar o medalhão, noventa segundos de cada lado. No mesmo fundo, reaquecer os camarões. Servir o mignon rodeado pelos três camarões, com o seu molho à base de maionese por cima.

Medalhões de mignon aos figos

Ingredientes para uma pessoa:

2 medalhões de filé mignon, 120g cada qual
Sal
Pimenta-do-reino
Noz-moscada
2 colheres, de sopa, cheias, de manteiga
1 ramo de alecrim

4 figos, frescos, grosseiramente picados, com as cascas e as sementes
¼ de xícara, de chá, de vinho do tipo Madeira ou Marsala

Modo de fazer:

Temperar os medalhões com o sal, a pimenta-do-reino e a noz-moscada. Numa frigideira, derreter a manteiga. Murchar o alecrim. Dourar os medalhões, um minuto de cada lado. Reservar. Agregar os figos e o vinho. Mexer e remexer, em fogo suave, até que os figos comecem a se desmanchar. Quando os figos e o vinho se tornarem uma pasta amalgamada, recolocar os medalhões. Aquecer e, se necessário, acertar o ponto da pimenta-do-reino e da noz-moscada.

Medalhões à Marselhesa

Ingredientes para uma pessoa:
2 medalhões de filé mignon, 120g cada qual
Sal
Pimenta-do-reino
2 colher, de mesa, de azeite de olivas
6 dentes de alho, micrometricamente picados
Polpa de um tomate, bem rubro, em dadinhos
6 azeitonas pretas, das graúdas, cortadas em lascas

1 colher, de sobremesa, cheia, de alcaparras, lavadas
1 colher, de chá, rasa, de orégano
1 colher, de café, rasa, de folhinhas de alecrim
1 colher, de café, rasa, de cerefólio
1 colher, de café, rasa, de folhinhas de tomilho
1 colher, de mesa, de vinho tinto bem seco

Modo de fazer:

Temperar os medalhões com o sal e a pimenta-do-reino. Numa frigideira, aquecer o azeite e dourar os medalhões, dois minutos de cada lado. Retirar. No mesmo fundo de azeite, murchar o alho e os dadinhos de tomate. Agregar as azeitonas e as alcaparras. Revirar por alguns segundos. Agregar o orégano, o alecrim, o cerefólio e o tomilho. Misturar e remisturar. Despejar o vinho tinto. Recolocar os medalhões. Cobrir e recobrir os medalhões com o molho.

MEDALHÕES À MARADONA

Ingredientes para uma pessoa:
2 medalhões de filé mignon, 120g cada qual
Sal
Pimenta-do-reino
1 colher, de sopa, de azeite de olivas

1 colher, de sopa, bem cheia, de manteiga
²/₃ de xícara, de chá, de polpa peneirada de tomates
¹/₃ de xícara, de chá, de queijo do tipo Catupiry
1 colher, de sopa, rasa, de folhas frescas de manjericão, picadinhas

Modo de fazer:

Temperar os medalhões com o sal e a pimenta-do-reino. Numa frigideira, aquecer o azeite e derreter a manteiga. Dourar os medalhões, dois minutos de cada lado. Retirar. No mesmo fundo, ferver a polpa de tomates e diluir o Catupiry. Temperar com o manjericão. Caso necessário, ajustar o ponto do sal. Dentro do seu molho cremoso mesmo, reaquecer os dois medalhões.

Medalhões à brasileira

Ingredientes para uma pessoa:

2 medalhões de filé mignon, 120g cada qual
Sal
Pimenta-do-reino
1 colher, de sopa, de azeite de olivas
1 colher, de sopa, bem cheia, de manteiga
½ cebola branca, grande, cortada em gomos

2 tomates, com as peles, sem as sementes, cortados em dadinhos
½ pimentinha dedo-de-moça, sem as sementes, batidinha
1 colher, de mesa, de vinho tinto bem seco
1 colher, de chá, rasa, de salsinha verde, bem batidinha
1 colher, de chá, rasa, de coentro, bem picadinho

Modo de fazer:

Temperar os medalhões com o sal e a pimenta-do-reino. Numa frigideira, aquecer o azeite e derreter a manteiga. Dourar os medalhões, dois minutos de cada lado. Retirar. No mesmo fundo de panela, murchar a cebola, os tomates e a pimentinha. Despejar o vinho. Levar à fervura. Reduzir por alguns instantes. Recolocar a carne. Reaquecer. Espalhar a salsinha verde e o coentro. Misturar e remisturar. Acertar, se necessário, o ponto do sal e da dedo-de-moça.

MEDALHÕES À BAIANA

Ingredientes para uma pessoa:

2 medalhões de filé mignon, 120g cada qual
Sal
Pimenta-do-reino

1 colher, de chá, de azeite de olivas
1 colher, de chá, de óleo de dendê
1 colher, de sopa, bem cheia, de manteiga
½ cebola branca, grande, cortada em gomos
1 ½ tomate, com a pele, sem as sementes, cortado em dadinhos
¼ de pimentão verde, com a pele, sem as sementes, cortado em dadinhos
½ pimentinha dedo-de-moça, sem as sementes, batidinha
1 colher, de mesa, de vinho tinto bem seco
1 colher, de chá, rasa, de salsinha verde, bem batidinha
1 colher, de chá, rasa, de coentro, bem picadinho

Modo de fazer:

Temperar os medalhões com o sal e a pimenta-do-reino. Numa frigideira, aquecer o azeite, o dendê, e derreter a manteiga. Dourar os medalhões, dois minutos de cada lado. Retirar. No mesmo fundo de panela, murchar a cebola, o tomate, o pimentão e a pimentinha. Despejar o vinho. Levar à ebulição. Reduzir por alguns instantezinhos. Recolocar a carne. Reaquecer. Espalhar a salsinha verde e o coentro. Revirar. Caso necessário, acertar o ponto do sal.

MEDAGLIONI AL FUNGHI

Ingredientes para uma pessoa:

½ *xícara, de chá, de funghi secchi*
¾ *xícara, de chá, de vinho tinto bem seco*
2 medalhões de filé mignon, 120g cada qual
Sal
Pimenta-do-reino
Noz-moscada
1 colher, de sopa, cheia de manteiga
2 colheres, de mesa, de polpa peneirada de tomates
3 azeitonas, pretas, das graúdas, em lascas
1 colher, de sobremesa, rasa, de alcaparras, lavadas

Modo de fazer:

Deixar os funghi secchi de banho no vinho tinto por ao menos uma hora. Picar os funghi – mas não desperdiçar o líquido da sua reidratação. Temperar os medalhões com o sal, a pimenta-do-reino e a noz-moscada. Numa frigideira, derreter a manteiga e dourar os medalhões, noventa segundos de cada lado. Reservar. No mesmo fundo de manteiga, agregar os funghi, o vinho e a polpa de tomates. Mexer e remexer. Levar à fervura. Rebaixar o calor. Acrescentar as azeitonas e as alcaparras. Devolver a carne à panela. Reaquecer a carne.

Medaglioni alla crema di funghi

Ingredientes para uma pessoa:

½ xícara, de chá, de funghi secchi
¾ xícara, de chá, de vinho branco bem seco
2 medalhões de filé mignon, 120g cada qual
Sal
Pimenta-do-reino
Noz-moscada
1 colher, de sopa, cheia, de manteiga
2 colheres, de mesa, de polpa peneirada de tomates
2 colheres, de mesa, de creme de leite, preferivelmente o longa-vida

Modo de fazer:

Deixar os funghi secchi de banho no vinho tinto por ao menos uma hora. Picar os funghi – mas não desperdiçar o líquido da sua reidratação. Temperar os medalhões com o sal, a pimenta-do-reino e a noz-moscada. Numa frigideira, derreter a manteiga e dourar os medalhões, noventa segundos de cada lado. Reservar. No mesmo fundo de manteiga, agregar os funghi, o vinho, a polpa de tomates e o creme de leite. Mexer e remexer. Levar à fervura. Rebaixar o calor. Devolver a carne à panela. Reaquecer os dois medalhões.

Tournedos à Rossini

Ingredientes para uma pessoa:

2 medalhões de filé mignon, 120g cada qual
Sal
Pimenta-do-reino
Azeite de olivas
1 colher, de sopa, de manteiga
2 fatias de legítimo foie-gras, meio centímetro de espessura cada qual
¾ de xícara de chá de Molho Rôti (receita na página 10)
¼ de xícara, de chá, de vinho tinto bem seco
2 fatias, pré-tostadas, de pão de forma, sem as cascas

Modo de fazer:

Temperar os medalhões com o sal e a pimenta-do-reino. Untar com azeite de olivas. Dourar, numa frigideira de fundo grosso, dois minutos de cada lado. Retirar. Reservar. Em outra frigideira, derreter a manteiga. Rapidamente, dez segundos de cada lado, dourar as fatias de foie-gras. Retirar. Reservar. Na mesma panela, combinar o Rôti e o vinho e levar à fervura. Rebaixar o calor. Reduzir o molho. Acertar o ponto do sal e da pimenta. Depositar os medalhões no molho. Cozinhar, até que fiquem um pouco antes do ponto médio. Montar o prato.

Primeiro, o pão. Por cima das fatias de pão, os medalhões. No topo dos medalhões, as fatias de foie-gras. Banhar tudo com o molho.

OS INUSITADOS TOURNEDOS À PAVAROTTI

Ingredientes para uma pessoa:

2 medalhões de filé mignon, 120g cada qual
Sal
Pimenta-do-reino
2 colheres, de sopa, médias, de manteiga
1 colher, de mesa, de mel
1 colher, de mesa, de shoyu
½ xícara, de chá, de polpa peneirada de tomates
1 colher, de café, de vinagre balsâmico

Modo de fazer:

Temperar os medalhões com o sal e a pimenta-do-reino. Untar com metade da manteiga. Numa frigideira, dourar os medalhões, noventa segundos de cada lado. Retirar. Na mesma frigideira, com o restante da manteiga, depositar o mel, o shoyu a polpa de tomates e o vinagre balsâmico. Misturar e remisturar. Devolver a carne ao molho. Reaquecer, convenientemente, e servir.

POSTAS DE PICANHA À ITALIANA

Ingredientes para uma pessoa:

1 pedaço de picanha, 250g de peso
Sal grosso
Azeite de olivas
1 colher, de chá, cheia, de orégano
1 colher, de chá, cheia, de folhinhas de alecrim
1 colher, de café, rasa, de pimentinha calabresa

Modo de fazer:

Temperar a picanha com o sal grosso. Embrulhar o pedaço de picanha numa folha de papel aluminizado. Levar ao forno, bem forte, por cerca de quinze minutos. Retirar. Eliminar o papel. Numa frigideira, sobre um fundo de azeite, dourar a superfície da picanha. Cortá-la ao meio. Colocar, no prato que irá à mesa, as suas faces internas para cima. Numa colherada de azeite, misturar o orégano, o alecrim e a pimentinha. Espalhar sobre as postas de picanha.

POSTAS DE PICANHA NO ALHO

Ingredientes para uma pessoa:

Manteiga
2 postas de picanha, 120g de peso cada qual
Sal

4 dentes de alho, bem trituradinhos
Azeite de olivas

Modo de fazer:

Passar a manteiga nas postas de picanha, em ambos os lados. Também nas duas faces, temperar com o sal e o alho. Embrulhar em papel aluminizado. Levar ao forno, bem forte, por cerca de quinze minutos. Retirar. Eliminar o papel. Numa frigideira, sobre um fundo de azeite, dourar as laterais das postas.

COTOLETTA ALLA MILANESE

Ingredientes para uma pessoa:

1 filé mignon, 250g de peso
Vinho tinto bem seco
Sal
Pimenta-do-reino
Farinha de trigo
Ovos desmanchados
Farinha de rosca, bem grossa
1 colher, de café, cheia, de alho em pó
1 colher, de chá, cheia, de parmesão finamente ralado, quase pó
1 colher, de chá, de salsinha verde, micrometricamente batida
Óleo de milho

2 tomates, dos normais, sem as sementes, cortados em gomos
1 cebola, pequena, cortada em gomos, na vertical
Azeite de olivas
Mais salsinha verde, grosseiramente picada

Modo de fazer:

Com o máximo de delicadeza, debaixo de uma folha de papel-filme, achatar o mignon, de modo que fique bem arredondado, cerca de um dedo de espessura. Rapidamente, em ambos os lados, molhar o mignon no vinho tinto. Escorrer. Temperar com o sal e a pimenta-do-reino. Passar na farinha de trigo e nos ovos desmanchados. Empanar na farinha de rosca, já condimentada com um pouco de sal e de pimenta-do-reino, mais o alho em pó, o parmesão e a salsinha. Guardar, na geladeira, por trinta minutos. Retirar. Dourar o filé, lentamente, em óleo de milho, fogo baixo, para que doure por fora e cozinhe homogeneamente no seu interior. Paralelamente, combinar os gomos de tomate, os gomos de cebola, um pouco de azeite, a salsinha picada e o sal necessário. Colocar o filé no meio do prato e cobrir com a salada – que ficará morna com o próprio calor da carne recém-saída da frigideira.

Filetto alla parmiggiana

Ingredientes para uma pessoa:

1 filé mignon, 250g de peso
Vinho tinto, bem seco
Sal
Pimenta-do-reino
Farinha de trigo
Ovos desmanchados
Farinha de rosca, bem grossa
1 colher, de café, cheia, de alho em pó
1 colher, de chá, cheia, de parmesão finamente ralado, quase pó
1 colher, de chá, de salsinha verde, micrometricamente batida
Óleo de milho
Molho de tomates, já condimentado e já cozido
Queijo parmesão, finamente ralado

Modo de fazer:

Com o máximo de delicadeza, debaixo de uma folha de papel-filme, achatar o mignon, de modo que fique bem arredondado, cerca de um dedo de espessura. Rapidamente, em ambos os lados, molhar o mignon no vinho tinto. Escorrer. Temperar com o sal e a pimenta-do-reino. Passar na farinha de trigo e nos ovos desmanchados. Empanar na farinha de rosca, já condimentada com um pouco de sal e de pimenta-do-reino, mais o alho em pó, o parmesão e a salsinha. Guardar, na geladeira, por trinta minutos. Retirar. Dourar o filé, lentamente, em óleo de milho, fogo baixo, para que se doure por fora e se cozinhe homogeneamente no seu interior. Colocar no prato que irá à mesa. Banhar com o molho de tomates, ultraquente. Por cima do molho, espalhar, a gosto, o parmesão finamente ralado – que, imediatamente, se derreterá.

FILETTO ALLA MOZZARELLIANA

Ingredientes para uma pessoa:
1 filé mignon, 250g de peso
Vinho tinto bem seco
Sal
Pimenta-do-reino
Farinha de trigo
Ovos desmanchados
Farinha de rosca, bem grossa
1 colher, de café, cheia, de alho em pó
1 colher, de chá, cheia, de parmesão finamente ralado, quase pó
1 colher, de chá, de salsinha verde, micrometricamente batida
Óleo de milho
Molho de tomates, já condimentado e já cozido
Mozzarella, finamente ralada

Modo de fazer:

Com o máximo de delicadeza, debaixo de uma folha de papel-filme, achatar o mignon, de modo que fique bem arredondado, cerca de um dedo de espessura. Rapidamente, em ambos os lados, molhar o mignon no vinho tinto. Escorrer. Temperar com o sal e a pimenta-do-reino. Passar na farinha de trigo e nos ovos desmanchados. Empanar na farinha de rosca, já condimentada com um pouco de sal e de pimenta-do-reino, mais o alho em pó, o parmesão e a salsinha. Guardar, na geladeira, por trinta minutos. Retirar. Dourar o filé, lentamente, em óleo de milho, fogo baixo, para que se doure por fora e se cozinhe homogeneamente no seu interior. Colocar no prato que irá à mesa. Paralelamente, em uma caçarola, aquecer o molho de tomates e, nele, derreter um pouco de mozzarella ralada. Cobrir a carne com essa combinação.

SIBERIAN STEAK

Ingredientes para uma pessoa:

1 filé mignon, 250g de peso
Sal
Pimenta-do-reino
1 colher, de sopa, cheia, de manteiga

⅓ de xícara, de chá, de vodca
3 colheres, de sopa, de mostarda amarela
6 champignons, médios, finamente laminados, na vertical
¾ de xícara, de chá, de creme de leite fresco

Modo de fazer:

Com o máximo de delicadeza, debaixo de uma folha de papel-filme, achatar o mignon, de modo que fique bem arredondado, cerca de um dedo de espessura. Temperar com o sal e a pimenta-do-reino. Numa frigideira, derreter a manteiga. Depositar a carne. Refogar, rapidamente, trinta segundos de cada lado. Flambar com a vodca. Incorporar a mostarda. Virar e revirar a carne, dissolvendo e espalhando a mostarda. Agregar os champignons. Mexer e remexer, com o máximo de delicadeza, por trinta segundos. Agregar o creme de leite. Manter, em fogo bem suave, por três minutos. Caso opte por desfrutar esta relíquia, por exemplo, com a escolta de arroz branco, salteie os seus grãos, já cozidos, bem *al dente*, no molho que restar na frigideira.

DIANA STEAK

Ingredientes para uma pessoa:
1 filé mignon, 250g de peso

Sal
Pimenta-do-reino
1 colher, de sopa, bem cheia, de manteiga
1/3 de xícara, de chá, de conhaque de vinho de boa qualidade
2 colheres, de sopa, de molho inglês do tipo Worcestershire
3 colheres, de sopa, de mostarda amarela
½ xícara, de chá, de Molho Rôti (receita na página 10)
½ xícara, de chá, de polpa peneirada de tomates
1 colher, de sopa, de salsinha verde, bem batidinha

Modo de fazer:

Com o máximo de delicadeza, debaixo de uma folha de papel-filme, achatar o mignon, de modo que fique bem arredondado, cerca de um dedo de espessura. Temperar com o sal e a pimenta-do-reino. Numa frigideira, derreter a manteiga. Depositar a carne. Refogar, rapidamente, trinta segundos de cada lado. Flambar com o conhaque. Incorporar o molho inglês e a mostarda. Virar e revirar a carne, dissolvendo e espalhando o molho e a mostarda. Agregar o Rôti e a polpa de tomates. Mexer e remexer, com o máximo de delicadeza, por trinta segundos. Manter, em fogo bem suave, por três minutos. Caso opte por desfrutar esta relíquia, por exemplo, com a escolta de arroz branco, salteie os seus grãos, já cozidos, bem *al dente*, no molho que restar na frigideira.

Filé do inferno

Ingredientes para uma pessoa:
1 filé mignon, 250g de peso
Sal
Pimenta-do-reino
Azeite de olivas
4 dentes de alho, bem picadinhos
½ pimenta vermelha, dedo-de-moça, em argolinhas
1 colher, de chá, de salsinha verde, bem picadinha
⅛ de maço de agrião

Modo de fazer:

Com o máximo de delicadeza, debaixo de uma folha de papel-filme, achatar o mignon, de modo que fique bem arredondado, cerca de um dedo de espessura. Temperar com o sal e a pimenta-do-reino. Numa frigideira, aquecer o azeite. Refogar a carne, noventa segundos de cada lado. Reservar. No mesmo fundo, dourar o alho. Pouco antes de o alho chegar ao ponto, agregar a pimenta e a salsinha. Mexer e remexer. Temperar com um pouquinho de sal. Recolocar a carne na frigideira, o suficiente para reaquecê-la. Servi-la coberta pelo molho.

Château com alho doce

Ingredientes para uma pessoa:

1 mignon alto, do tipo Châteaubriand, 300/350g de peso
Sal
Pimenta-do-reino
6 dentes de alho, cortados ao meio, no comprimento
Azeite de olivas
2 colheres, de sopa, de mel, preferivelmente de flor de laranjeira

Modo de fazer:

Numa panelinha de boca pequenina, cheia de água até a metade, depositar um pouco de azeite, cerca de dois milímetros de espessura. Espalhar os dentes de alho. As densidades diferentes manterão as doze metades na superfície oleosa, sem contato com a água. Levar a água à fervura. Rebaixar o calor. Manter, por dez minutos. Temperar o château com o sal e a pimenta-do-reino. Em uma frigideira, com mais um pouco de azeite, dourar – dois minutos de cada lado, tempo ideal para o ponto justo. Retirar. Rapidamente, no azeite da carne, dissolver o mel e caramelizar o alho. Servir o château com o alho doce por cima.

Château instigante

Ingredientes para uma pessoa:

1 colher, de sopa, bem cheia, de alcaparras, bem lavadas
1 mignon alto, do tipo Châteaubriand, 300/350g de peso
Sal
Pimenta-do-reino
Azeite de olivas
2 colheres, de sopa, de manteiga
1 ramo de alecrim, fresco
1 colher, de sopa, bem cheia, de uvas passas, das amarelas, sem caroços
4 colheres, de sopa, de vinho do Porto

Modo de fazer:

Separar um terço das alcaparras. Esmagar num pilão e passar num coador. Temperar o château com o sal e a pimenta-do-reino. Numa frigideira, sobre um fundo de azeite, dourar a carne, dois minutos de cada lado. Retirar a carne. Reservar. Na mesma frigideira, no azeite remanescente, derreter a manteiga. Amolecer o alecrim. Agregar a pasta de alcaparras, as alcaparras inteiras e as uvas passas. Aquecê-las, mexendo e remexendo. Despejar o vinho do Porto. Levar à fervura. Reduzir um pouquinho. Devolver o château à frigideira. Por cerca de um minuto, banhá-lo com o molho. Servir com o molho por cima.

Château à la boîte

Ingredientes para uma pessoa:

¾ de xícara, de chá, de mostarda amarela
¼ de xícara, de chá, de creme de leite fresco
1 mignon alto, do tipo Châteaubriand, 300/350g de peso
Sal
Pimenta-do-reino
1 colher, de sopa, bem cheia, de manteiga
1 ramo de alecrim fresco
⅓ de xícara, de chá, de conhaque de vinho de boa qualidade

Modo de fazer:

Numa vasilha, combinar, muito bem, a mostarda e o creme de leite. Reservar. Temperar o château com o sal e a pimenta-do-reino. Numa frigideira, derreter a manteiga. Refogar o alecrim. Colocar a carne. Dourar, dois minutos de cada lado. Flambar com o conhaque. Despejar o molho. Apenas aquecer o molho, virando e revirando a carne para que pegue gosto, sem passar do ponto. Caso opte por desfrutar esta relíquia, por exemplo, com arroz branco, salteie os seus grãos, já cozidos, bem *al dente*, no molho que restar na frigideira.

Château à Faro

Ingredientes para uma pessoa:

1 mignon alto, do tipo Châteaubriand, 300/350g de peso
Sal
Pimenta-do-reino, moída
1 colher, de sopa, bem cheia, de manteiga
1/3 de xícara, de chá, de conhaque de vinho de boa qualidade
1 colher, de sopa, cheia, de pimenta-do-reino, em grãos
1/3 de xícara, de chá, de vinho tinto bem seco
2/3 de xícara, de chá, de Molho Rôti (receita na página 10)

Modo de fazer:

Temperar o château com o sal e a pimenta-do-reino. Numa frigideira, derreter a manteiga. Colocar a carne. Dourar, dois minutos de cada lado. Flambar com o conhaque. Retirar. Reservar. Dentro de um pano limpo, dobrado, quebrar, com um martelo, os grãos de pimenta-do-reino. Despejar na frigideira da carne. Reaquecer a manteiga. Incorporar o vinho e o Rôti. Levar à fervura. Reduzir o calor. Devolver a carne. Aquecer, revirando a carne para que pegue gosto. Caso opte por desfrutar esta relíquia, por exemplo, com arroz, salteie os seus grãos, já cozidos, bem *al dente*, no molho que restar na frigideira.

CHÂTEAU NAS TRÊS PIMENTAS

Ingredientes para uma pessoa:

1 mignon alto, do tipo Châteaubriand, 300/350g de peso
Sal
Pimenta-do-reino
1 colher, de sopa, bem cheia, de manteiga
1 colher, de chá, cheia, de pimenta-do-reino, em grãos
1 colher, de chá, cheia, de pimenta verde, em grãos

1 colher de chá, cheia, de argolinhas de pimenta dedo-de-moça
¹/₃ de xícara, de chá, de conhaque de vinho de boa qualidade
¾ de xícara, de chá, de Molho Rôti (receita na página 10)
¼ de xícara, de chá, de polpa peneirada de tomates

Modo de fazer:

Temperar o château com o sal e a pimenta-do-reino. Numa frigideira, derreter a manteiga. Colocar a carne. Dourar, dois minutos de cada lado. Flambar com o conhaque. Retirar. Reservar. Dentro de um pano limpo, dobrado, quebrar, com um martelo, os grãos de pimenta-do-reino. Despejar na frigideira da carne. Reaquecer a manteiga. Agregar a pimenta verde e a dedo-de-moça. Com um garfo, comprimir, delicadamente, para que o ardor se transmita ao fundo. Incorporar o Rôti e a polpa. Misturar. Levar à fervura. Reduzir o calor. Devolver a carne ao molho, revirando, aqui e ali, para que pegue gosto, sem passar do ponto. Caso opte por desfrutar esta relíquia, por exemplo, com arroz, salteie os seus grãos, cozidos *al dente*, no molho que restar na frigideira.

Filé à moda de Wellington

Ingredientes para uma pessoa:

100g de farinha de trigo, bem peneirada
1 ovo inteiro
1 colher, de chá, de banha de porco
1 colher, de chá, de cachaça da boa
Salmoura, ou água com sal, a gosto
1 colher, de café, rasa, de fermento em pó
1 mignon alto, do tipo Châteaubriand, 300/350g
   de peso
Sal
Pimenta-do-reino
Manteiga
50g de patê de foie-gras
2 champignons, grandes, finamente laminados,
   na vertical
Mais 1 gema de ovo, desmanchada

Modo de fazer:

Numa batedeira, combinar a farinha, o ovo, a banha, a cachaça e a salmoura suficiente para obter uma massa bem lisinha e bem amalgamada. Guardar nos baixos de uma geladeira, por trinta minutos. Temperar o château com o sal e a pimenta-do-reino. Numa frigideira, sobre um bom fundo de manteiga, dourar, sessenta segundos de cada lado. Retirar. Escorrer. Abrir a massa, num desenho e num formato adequados ao envolvimento de toda a carne. Untar o château com o patê de foie-gras. No meio da massa, colocar o château. Cobrir com os champignons laminados. Embrulhar bem a carne com a massa, selando as suas junções. Pincelar a massa com a gema de ovo. Numa terrina refratária, levar ao forno, médio, até que o pacote se mostre bem dourado e crocante.

Coisas que honram o etc.

VITELLO TONNATO

Ingredientes para uma pessoa:

1 lata de atum, sólido, conservado em seu líquido natural
¼ de cebola branca, média, bem picadinha
1 colher, de sopa, cheia, de cenoura, bem picadinha
1 colher, de sopa, cheia, de salsão, bem batidinho
2 filezinhos de alici
½ xícara, de chá, de vinho branco bem seco
1 colher, de chá, de salsinha verde, micrometricamente picadinha
¼ de xícara, de chá, de maionese
1 colher, de sobremesa, de sumo de limão, bem coado
150g de lagarto de vitelo, já assado, bem cilindrado, em oito fatias
Azeite de olivas
Algumas alcaparras, a gosto

Modo de fazer:

Num processador, combinar o atum sólido, a cebola, a cenoura, o salsão, os filezinhos de alici, o vinho branco, a salsinha, a maionese e o sumo de limão. Transformar numa pasta bem amalgamada. Peneirar. Acertar, caso necessário, o ponto do sal e da pimenta-do-reino. No prato que irá à mesa, forrado com um fundo de azeite, espalhar, elegantemente, as fatias de carne. Por cima das fatias, espalhar o molho cremoso de atum. Enfeitar com algumas alcaparras.

VEAU CORDON BLEU

Ingredientes para uma pessoa:

2 escalopes de mignon de vitelo, bem fininhos, 120g cada qual
Sal
Pimenta-do-reino
Sumo de limão, bem coado
2 fatias de queijo tipo emmenthal, do tamanho dos escalopes
2 fatias de presunto cozido, sem gorduras, idem
1 clara de ovo
Farinha de trigo
1 ovo inteiro, clara e gema, bem desmanchadinho
Farinha de rosca, bem grossa

Óleo de milho
Lâminas delgadas de limão, com a casca
Salsinha verde, bem batidinha

Modo de fazer:

Temperar os escalopes com o sal e a pimenta-do-reino. Cobrir cada um dos escalopes com uma fatia do queijo e uma do presunto. Dobrá-los, como se faz com os pastéis, cuidando para que o queijo e o presunto não escapem para além das bordas dos escalopes. Selar as bordas com a clara de ovo. Passar os dois conjuntos na farinha de trigo e no ovo desmanchadinho. Empanar, muito bem, na farinha de rosca. Guardar, na geladeira, por meia hora. Dourar, por imersão, em óleo de milho. Secar em papel absorvente. Servir os escalopes com as lâminas de limão por cima, a salsinha verde muito bem espalhadinha.

CARNE DE SOL À MODA DO SERIDÓ

Ingredientes para uma pessoa:

250g de carne de sol, preferivelmente de alcatra, sem gorduras
1 colher, de sopa, de azeite de olivas
¼ de cebola, graúda, em rodelas finérrimas
1 colher, de chá, rasa, de salsinha verde, bem batidinha

½ colher, de chá, rasa, de coentro, bem picadinho
50g de abóbora-jerimum, descascada, em
cubos, cozida em água e sal
¼ de xícara, de chá, de leite integral
1 colher, de sopa, bem cheia, de queijo-de-
-coalho, curado, raladinho
50g de macaxeira, sem casca, em cubos de 3cm,
cozida em água e sal
Manteiga

Modo de fazer:

Cobrir a peça de carne de sol com água fria. Levar à fervura. Rebaixar o calor. Cozinhar, por quinze minutos. Repetir a operação três vezes, trocando a água. Esperar que a carne de sol volte à temperatura ambiente. Desfiá-la totalmente, com os dedos ou com a ponta de um garfo. Numa frigideira de fundo triplo, em fogo fraco, aquecer o azeite e murchar as rodelas de cebola. Colocar a carne desfiada. Misturar à carne a cebola. No último instante, se necessário, acertar o ponto do sal e agregar a salsinha e o coentro. Revirar. Paralelamente, transformar os cubos do jerimum em purê. Passar numa peneira. Numa panela com um tico de manteiga, combinar o purê de jerimum, o leite e o queijo-de-coalho. Acertar, se necessário, o ponto do sal. Também paralelamente, saltear a macaxeira já cozida em um pouco de manteiga. Montar o prato com a carne de sol acebolada de um lado, o purê e a macaxeira na manteiga do outro.

TORTA DOS PACHECO DE ITU

Ingredientes para uma forma de 20x30cm:

750g de farinha de trigo, bem peneirada
2 colheres, de sopa, cheias, de manteiga amolecida, à temperatura ambiente
2 colheres, de sopa, cheias, de banha de porco
2 ovos, inteiros, e mais uma gema
Salmoura
Azeite de olivas
1 cebola branca, graúda, bem trituradinha
750g de patinho de boi, sem gorduras e sem nervos, finamente moído
½ xícara, de chá, de vinho tinto bem seco
¾ de xícara, de chá, de polpa peneirada de tomates
⅓ de xícara, de chá, de creme de leite fresco, levemente batido
2 batatas holandesas, descascadas, cozidas, cortadas em dadinhos
2 colheres, de sopa, cheias de salsinha verde, bem picadinha
Sal
Pimenta-do-reino

Noz-moscada
Queijo do tipo queijo-de-minas, muito bem curado, raladinho
Mais uma gema de ovo, diluída em manteiga derretida, para pincelar o topo

Modo de fazer:

Numa terrina, misturar a farinha, a manteiga, a banha, os ovos inteiros, a gema e um pouco de salmoura, o suficiente para obter uma massa de textura homogeneizada. Descansar por uma hora. Enquanto isso, numa panela, aquecer um fundo de azeite. Murchar a cebola e, em fogo médio, refogar a carne. Despejar o vinho. Misturar. Levar à fervura. Rebaixar o calor. Cozinhar, por cinco minutos. Incorporar a polpa de tomates. Misturar e remisturar. Reduzir por alguns instantes. Incorporar o creme de leite. Virar e revirar. Retirar do calor. Agregar as batatas e a salsinha. Misturar. Acertar o ponto do sal, da pimenta-do-reino e da noz-moscada. Ainda acrescentar umas boas colheradas do queijo raladinho, a gosto. Remisturar. Abrir $2/3$ da massa com um rolo apropriado, cerca de meio centímetro de espessura. Daí, comprimindo muito bem, forrar o fundo e os lados da forma. Preencher a forma com o recheio de carne etcetera, pressionando bem. Abrir o restante da massa, na mesma espessura. Cobrir a torta. Pincelar o topo com a gema diluída em manteiga derretida. Furar a tampa, aqui e ali, com um palito. Levar ao forno médio, preaquecido, até que a massa doure. Retirar. Repincelar. Pulverizar o topo da torta com mais queijo ralado. Devolver ao forno, até a tampa se gratinar.

Costeletas de cordeiro à escocesa

Ingredientes para uma pessoa:

1 colher, de mesa, de azeite de olivas
2 colheres, de mesa, bem cheias, de hortelã picadinha
1 colher, de chá, de queijo cremoso do tipo cottage
1 colher, de sopa, de uísque legítimo
6 costeletas de cordeiro, com os ossinhos, 60g cada qual
Sal
Pimenta-do-reino
Mais azeite de olivas
3 fatias de batata cozida, com a casca, 5mm de espessura

Modo de fazer:

Num processador, combinar o azeite, a hortelã, o queijo cremoso e o uísque. Transformar numa pasta muito bem amalgamada. Temperar as costeletas com o sal e a pimenta-do-reino. Untar no azeite de olivas. Dourar, rapidamente, trinta segundos de cada lado, numa frigideira ou numa grelha. No meio do prato, superpor as fatias de batata, já temperadas com um tico de sal. Ao seu redor, espalhar, ordenadamente, as costeletas, os ossos na direção das bordas do prato. Dissolver o molho à escocesa em mais um pouquinho de azeite e de uísque e despejar, em linhas elegantes, charmosas, sobre as costeletas. Antes de servir, colocar, sobre tudo, em espiral, mais um bom fio de azeite.

Costeletas de cordeiro à genovesa

Ingredientes para uma pessoa:

1 colher, de mesa, de azeite de olivas
1 colher, de mesa, bem cheia, de manjericão picadinho
1 noz, sem a casca, picada
¼ de castanha-do-pará, idem
1 colher, de chá, de queijo do tipo pecorino, raladinho
6 costeletas de cordeiro, com os ossinhos, 60g cada qual
Sal
Pimenta-do-reino
Azeite de olivas

*Três fatias de tomate-caqui, bem vermelho,
5mm de espessura*

Modo de fazer:

Num processador, combinar o azeite, o manjericão, a noz, a castanha-do-pará e o pecorino. Transformar numa pasta muito bem amalgamada. Temperar as costeletas com o sal e a pimenta-do-reino. Untar no azeite de olivas. Dourar, rapidamente, trinta segundos de cada lado, numa frigideira ou numa grelha. No meio do prato, superpor as fatias de tomate, já temperadas com um tico de sal. Ao seu redor, espalhar, ordenadamente, as costeletas, os ossos na direção das bordas do prato. Dissolver o molho à genovesa em mais um pouco de azeite e despejar, em linhas elegantes, charmosas, sobre as costeletas. Antes de servir, colocar, sobre tudo, em espiral, mais um bom fio de azeite.

Lomito de cordeiro no molho de vinho

Ingredientes para quatro pessoas:
*1 lombinho de cordeiro, limpo e cilindrado, de
1,2kg de peso
Sal
Pimenta-do-reino*

Noz-moscada
Óleo de milho
Manteiga
200g de uvas passas, amarelas, sem caroços
1 litro de vinho tinto, doce ou meio doce
Tomilho fresco
Manjerona
500g de batatas pequenas, bem redondinhas, descascadas e cozidas

Modo de fazer:

Massagear o lombinho, muito bem, com o sal, a pimenta-do-reino e a noz-moscada. Numa panela de aço, em óleo de milho, dourar o lombinho, como se fosse um rosbife. Retirar a carne. Deixar que ela descanse, por no mínimo meia hora. Numa frigideira, derreter um pouquinho de manteiga e, nela, amaciar as passas. Despejar o vinho. Levar à fervura. Temperar com um punhadinho de tomilho e outro de manjerona. Diminuir o calor. Reduzir o vinho até pouco menos da metade do seu volume original. Retirar. Bater num liquidificador. Passar numa peneira finérrima. Devolver à frigideira. Reaquecer. Reduzir mais um tico. Ao mesmo tempo, dourar, em bastante manteiga bem quente, as batatinhas já cozidas. Fatiar todo o lombinho em lâminas delicadas. Em leque, distribuir as lâminas pelos pratos respectivos.

Na ponta inferior do leque, acomodar as batatas coradas na manteiga. Despejar o molho de vinho, como numa pincelada, sobre as fatias. Enfeitar com um raminho de tomilho.

Filé de cordeiro na redução do Porto

Ingredientes para uma pessoa:

250g de mignon de cordeiro, limpo, praticamente um filé inteiro
Sal
Pimenta-do-reino
Noz-moscada
1 colher de sopa, bem cheia, de manteiga
1 colher, de mesa, de vinho tinto bem seco
1 ramo de alecrim, fresco
4 colheres, de mesa, de vinho do Porto

Modo de fazer:

Massagear o mignon de cordeiro, generosamente, com o sal, a pimenta-do-reino e a noz-moscada. Numa frigideira, sobre manteiga derretida, dourar o filé, homogeneamente. Retirar. Reservar. Na mesma frigideira, despejar todo o vinho tinto, bem seco. Levar à ebulição. Reduzir um pouco. Incorporar o alecrim e o vinho do Porto. Reduzir, ao ponto de obter um molho bem denso e bem envolvente. Despejar o molho, com o alecrim, sobre o cordeiro.

PERNIL DE CORDEIRO À MADRILENHA

Ingredientes para 6 pessoas:

1 pernil de cordeiro, bem limpo, mas com o osso, 2kg de peso
Sal
Pimenta-do-reino
Noz-moscada
Vinho branco bem seco
12 dentes de alho, bem picadinhos
3 pimentões vermelhos, sem as sementes, em dadinhos
1 folha de louro
3 xícaras, de chá, de polpa de tomates, peneirada

Modo de fazer:

Massagear o pernil, integralmente, com partes iguais de sal, pimenta-do-reino e noz-moscada. Reservar. Escolher um caldeirão vertical, apertado, em que o pernil caiba, tranquilamente. Colocar o pernil no caldeirão, o osso para cima. Cobrir com o vinho. Agregar o alho, os pimentões e o louro. Deixar, de banho, por 24 horas. Extrair. Reservar o caldo. Levar o pernil ao forno, até que doure muito bem. Retirar. Reservar. Levar o caldo à fervura. Reduzir a cerca de ¼ do seu volume original. Peneirar. Agregar a polpa de tomates. Misturar. Acertar o ponto do sal e da pimenta-do-reino. Fatiar o pernil de cordeiro e servir com o seu molho, bem apuradinho.

Medalhões agridoces de mortadela

Ingredientes para uma pessoa:

2 rodelas (120g de mortadela) 1cm de espessura, sem a pele exterior
Azeite de olivas
3 colheres, de mesa, de shoyu
1 colher, de sopa, de mel, preferivelmente de flor de laranjeira
1 colher, de sopa, de vinho branco bem seco
1 colher, de café, de vinagre balsâmico
1 colher, de café, de raspinhas de casca de laranja

Modo de fazer:

Num fundo, bem rasinho, de azeite de olivas, dourar as rodelas de mortadela. Paralelamente, em outra frigideira, combinar o shoyu, o mel, o vinho branco, o vinagre balsâmico e as raspinhas de laranja. Levar à fervura e reduzir. Servir esse molho sobre as duas rodelas de mortadela, devidamente aquecidas.

Tênder à moda do Circus

Ingredientes para 6 pessoas:

250kg de Karo (glicose de milho)
200kg de mostarda amarela
500g de de molho inglês, do tipo Worcestershire
2kg de presunto do tipo Tênder

Modo de fazer:

Começar a preparação um dia antes. Primeiro, cuidar da marinação do Tênder. Com um batedor, em fogo bem fraco, amolecer o Karo. Daí, fora do calor, incorporar a mostarda e o molho inglês, misturando e remisturando até obter uma combinação bem homogênea. Desembalar o Tênder. Com uma faca bem afiada, marcar a sua superfície, fazendo o desenho de losangos. Pincelar o Tênder, três vezes, com a combinação. Guardar numa geladeira, protegido por um pano seco, 24 horas. Retirar. Repincelar o presunto e caramelizar em um forno, bastante lento, de 150 graus, até que a superfície fique bem brilhante.

Lombinho de porco à cearense

Ingredientes para quatro pessoas:

1 lombinho de porco jovem, cilindrado, desengordurado, 1kg de peso
100g de manteiga
1 ramo, grande, de alecrim fresco
Suco, coado, de 2 laranjas-de-umbigo
Sal
50g de toicinho fresco, bem picadinho
2 cálices de cachaça
2 dentes de alho, bem triturados
2 xícaras, de chá, de feijões mulatinhos
1 colher, de sopa, cheia, de salsinha verde, picada
1 colher, de sopa, rasa, de coentro, batido
1 xícara, de chá, de arroz branco, já cozido, bem al dente
Pimenta vermelha

Modo de fazer:

Com um pano limpo, secar muito bem o lombinho. Produzir uma pasta, bem homogênea, com a manteiga, as folhinhas de alecrim, o suco das laranjas e o sal necessário. Com essa pasta, meticulosamente, e carinhosamente, massagear o lombinho, em toda a sua superfície – por no mínimo por cinco minutos. Embrulhar o lombinho, com a pasta, em papel aluminizado.

Levar ao forno, em fogo médio, por trinta minutos. Paralelamente, numa caçarola, também em fogo médio, derreter as gordurinhas do toicinho, sem permitir que ele escureça. Despejar a cachaça. O álcool da pinga servirá para dissolver e desgrudar todas as gordurinhas que se pregarem no fundo da panela. Ajudar com uma colher de pau. Colocar o alho e o feijão. Cobrir com água. Levar à fervura. Rebaixar a temperatura. No momento em que os grãos começarem a se mostrar macios, acrescentar a salsinha verde, o coentro, o arroz – e um toquezinho de pimenta vermelha. Misturar, de vez em quando, até que o arroz atinja o seu ponto justo. Acertar o ponto do sal. No entretempo, tirar o lombinho do forno, eliminar o papel aluminizado e devolver a carne ao calor, para que a sua superfície doure muito bem. Cortar o lombinho em fatias de 1cm de espessura. Dividir as fatias pelos seus pratos respectivos. Banhá-las com a manteiga de alecrim. Servir com o feijão e o arroz ao lado.

Pernil para sanduíches

Ingredientes para 6 pessoas:

1 pernil de porco, com o osso, livre das suas gorduras

Sal
Pimenta-do-reino
Vinho tinto bem seco
4 folhas de louro
Azeite de olivas
4 cebolas brancas, grandes, cortadas em gomos, na vertical
12 tomates, firmes, sem as sementes, em gomos, na vertical

Modo de fazer:

Massagear o pernil, muito bem, com o sal e a pimenta-do-reino. Colocar em um caldeirão, na vertical, o osso para cima. Cobrir com o vinho tinto seco. Temperar com as folhas de louro. Levar à geladeira, ao menos por doze horas. Retirar. Escorrer. Reservar o caldo. Embrulhar o pernil em papel aluminizado e levar ao forno, por uma hora. Retirar. Laminar o pernil, em lascas delicadas. Reservar. Num caldeirão grande, sobre um fundo de azeite, reaquecer o caldo da marinada do pernil. Agregar as cebolas e os tomates. Desmanchar, virando e revirando. Quando o molho se mostrar praticamente pronto, incorporar todas as lascas do pernil e acertar, pacientemente, o ponto dos condimentos.

Índice de receitas em ordem alfabética

A

Asinhas de frango à moda Cajun 17
Asinhas de frango à moda do Telmo..........................19

B

Bifes de panela da Nena, Os 90
Boeuf bourguignonne..74

C

Carne louca 61
Carne de sol à moda do seridó 121
Château à Faro 114
Château à la boîte...113
Château com alho doce 111
Château instigante..112
Château nas três pimentas..115
Chop-suey de filé mignon..76
Clássico filé aperitivo, O..22
Codornas grelhadas com polenta picante...................25
Costeletas de cordeiro à escocesa 125
Costeletas de cordeiro à genovesa 126
Cotoletta alla milanese...103
Coxas de frango à João VI 20
Coxas de frango à Napoleão 21

D
Diana steak 108
Dragomirov de frango 31

E
Emincées de mignon ao curry 80
Empadão assado à moda da Filô 49
Escalopinhos alla pizzaiola 87
Escalopinhos de frango à otomana 37
Escalopinhos de frango na tangerina 40
Escalopinhos de frango no creme de limão 38

F
Faisão quase à Suvarov 51
Filé aperitivo com Catupiry 23
Filé à moda de Wellington 117
Filé de cordeiro na redução do Porto 129
Filé do inferno 110
Filetto alla mozzarelliana 106
Filetto alla parmiggiana 105
Frango à caçadora 27
Frango à moda marajoara 30
Frango à oriental 36
Frango à passarinho com Catupiry 15
Frango à passarinho 15
Frango ao forno no creme de curry 29
Frango aperitivo à moda do diabo 16
Frango no Catupiry 34

G
Galeto à Marengo 26
Guisado de alcatra na moranguinha 73

H
Hamburgão continental 70

I
Inusitados tournedos à Pavarotti, Os 101
Iscas de frango no creme de páprica 33

K
Kaftas com gorgonzola 69
Kaftas no espeto 68

L
Lombinho de porco à cearense 133
Lomito de cordeiro no molho de vinho 127

M
Medaglioni al funghi 98
Medaglioni alla crema di funghi 99
Medalhões à baiana 96
Medalhões à brasileira 95
Medalhões à Maradona 94
Medalhões à Marselhesa 93
Medalhões agridoces de mortadela 131
Medalhões de mignon aos figos 92
Molho Rôti 10

P
Pato com laranja 53
Peito de frango à Alessandria 41
Peito de frango à Fiorentina 43
Peito de frango La Superba 42
Pernil de cordeiro à madrilenha 130
Pernil para sanduíches 134
Peru à americana 56

Peru à Lindy Regazzoni 55
Picadinho Circus Club 63
Pollo al gratin 35
Polpetão do SL, versão requintada, O 67
Polpetão do SL, versão simples, O 65
Polpetinhas do SL, As 64
Postas de picanha à italiana 102
Postas de picanha no alho 102

Q
Quibe da bandeja da Vivi 71

R
Rolinhos de presunto com gorgonzola 13
Rolinhos de presunto com kanikama 14
Rosbife com batatas enferrujadas 60

S
Saltimbocca alla romana 82
Scaloppine al limone 84
Scaloppine al Marsala 86
Scaloppine alla diavolina 88
Scaloppine alla fonduta 83
Scaloppine alla Paolo Rossi 89
Scaloppine alla pesca 85
Siberian steak 107
Stroganov à milanesa 80
Stroganov da emergência, O 78
Supremo de frango à Kiev 45
Supremo de frango à moda do SL 48
Supremo de frango à parmiggiana 47
Supremo de frango à Pojarsky 44
Surf and turf 91

T

Tartar steak 59
Tender à moda do Circus 132
Torta dos Pacheco de Itu 123
Tournedos à Rossini 100

V

Veau Cordon Bleu 120
Verdadeiro Stroganov, O 77
Vitello tonnato 119

Sobre o Autor

Arquiteto e jornalista, Sílvio Lancellotti decidiu profissionalizar os seus *hobbies*. Desde a década de 80, ele se dedica de maneira quase exclusiva à Gastronomia e ao Esporte, as suas maiores paixões, depois da sua família, é claro, e dos seus cachorros. Já correu o mundo, das Bermudas à Itália, como organizador de festivais de culinária. Na Suécia, além de pessoalmente servir os monarcas Carlos Gustavo e Sylvia Renata, cuidou da reciclagem dos chefes de cozinha do palácio real. Escreveu mais de uma dezena de livros sobre gastronomia, futebol, Copa do Mundo, e um vasto e completíssimo trabalho sobre a história das Olimpíadas, *Olimpíadas – 100 anos*. Além disso, Sílvio Lancellotti compartilha experiências de culinária e comenta o futebol internacional no seu blog "Copa e cozinha".

Coleção L&PM POCKET (ÚLTIMOS LANÇAMENTOS)

1084(17).**Desembarcando o Alzheimer** – Dr. Fernando Lucchese e Dra. Ana Hartmann
1085.**A maldição do espelho** – Agatha Christie
1086.**Uma breve história da filosofia** – Nigel Warburton
1088.**Heróis da História** – Will Durant
1089.**Concerto campestre** – L. A. de Assis Brasil
1090.**Morte nas nuvens** – Agatha Christie
1092.**Aventura em Bagdá** – Agatha Christie
1093.**O cavalo amarelo** – Agatha Christie
1094.**O método de interpretação dos sonhos** – Freud
1095.**Sonetos de amor e desamor** – Vários
1096.**120 tirinhas do Dilbert** – Scott Adams
1097.**200 fábulas de Esopo**
1098.**O curioso caso de Benjamin Button** – F. Scott Fitzgerald
1099.**Piadas para sempre: uma antologia para morrer de rir** – Visconde da Casa Verde
1100.**Hamlet (Mangá)** – Shakespeare
1101.**A arte da guerra (Mangá)** – Sun Tzu
1104.**As melhores histórias da Bíblia (vol.1)** – A. S. Franchini e Carmen Seganfredo
1105.**As melhores histórias da Bíblia (vol.2)** – A. S. Franchini e Carmen Seganfredo
1106.**Psicologia das massas e análise do eu** – Freud
1107.**Guerra Civil Espanhola** – Helen Graham
1108.**A autoestrada do sul e outras histórias** – Julio Cortázar
1109.**O mistério dos sete relógios** – Agatha Christie
1110.**Peanuts: Ninguém gosta de mim... (amor)** – Charles Schulz
1111.**Cadê o bolo?** – Mauricio de Sousa
1112.**O filósofo ignorante** – Voltaire
1113.**Totem e tabu** – Freud
1114.**Filosofia pré-socrática** – Catherine Osborne
1115.**Desejo de status** – Alain de Botton
1118.**Passageiro para Frankfurt** – Agatha Christie
1120.**Kill All Enemies** – Melvin Burgess
1121.**A morte da sra. McGinty** – Agatha Christie
1122.**Revolução Russa** – S. A. Smith
1123.**Até você, Capitu?** – Dalton Trevisan
1124.**O grande Gatsby (Mangá)** – F. S. Fitzgerald
1125.**Assim falou Zaratustra (Mangá)** – Nietzsche
1126. **Peanuts: É para isso que servem os amigos (amizade)** – Charles Schulz
1127(27).**Nietzsche** – Dorian Astor
1128.**Bidu: Hora do banho** – Mauricio de Sousa
1129.**O melhor do Macanudo Taurino** – Santiago
1130.**Radicci 30 anos** – Iotti
1131.**Show de sabores** – J.A. Pinheiro Machado
1132.**O prazer das palavras** – vol. 3 – Cláudio Moreno
1133.**Morte na praia** – Agatha Christie
1134.**O fardo** – Agatha Christie
1135.**Manifesto do Partido Comunista (Mangá)** – Marx & Engels
1136.**A metamorfose (Mangá)** – Franz Kafka
1137.**Por que você não se casou... ainda** – Tracy McMillan
1138.**Textos autobiográficos** – Bukowski
1139.**A importância de ser prudente** – Oscar Wilde
1140.**Sobre a vontade na natureza** – Arthur Schopenhauer
1141.**Dilbert (8)** – Scott Adams
1142.**Entre dois amores** – Agatha Christie
1143.**Cipreste triste** – Agatha Christie
1144.**Alguém viu uma assombração?** – Mauricio de Sousa
1145.**Mandela** – Elleke Boehmer
1146.**Retrato do artista quando jovem** – James Joyce
1147.**Zadig ou o destino** – Voltaire
1148.**O contrato social (Mangá)** – J.-J. Rousseau
1149.**Garfield fenomenal** – Jim Davis
1150.**A queda da América** – Allen Ginsberg
1151.**Música na noite & outros ensaios** – Aldous Huxley
1152.**Poesias inéditas & Poemas dramáticos** – Fernando Pessoa
1153.**Peanuts: Felicidade é...** – Charles M. Schulz
1154.**Mate-me por favor** – Legs McNeil e Gillian McCain
1155.**Assassinato no Expresso Oriente** – Agatha Christie
1156.**Um punhado de centeio** – Agatha Christie
1157.**A interpretação dos sonhos (Mangá)** – Freud
1158.**Peanuts: Você não entende o sentido da vida** – Charles M. Schulz
1159.**A dinastia Rothschild** – Herbert R. Lottman
1160.**A Mansão Hollow** – Agatha Christie
1161.**Nas montanhas da loucura** – H.P. Lovecraft
1162(28).**Napoleão Bonaparte** – Pascale Fautrier
1163.**Um corpo na biblioteca** – Agatha Christie
1164.**Inovação** – Mark Dodgson e David Gann
1165.**O que toda mulher deve saber sobre os homens: a afetividade masculina** – Walter Riso
1166.**O amor está no ar** – Mauricio de Sousa
1167.**Testemunha de acusação & outras histórias** – Agatha Christie
1168.**Etiqueta de bolso** – Celia Ribeiro
1169.**Poesia reunida (volume 3)** – Affonso Romano de Sant'Anna
1170.**Emma** – Jane Austen
1171.**Que seja em segredo** – Ana Miranda
1172.**Garfield sem apetite** – Jim Davis
1173.**Garfield: Foi mal...** – Jim Davis
1174.**Os irmãos Karamázov (Mangá)** – Dostoiévski
1175.**O Pequeno Príncipe** – Antoine de Saint-Exupéry
1176.**Peanuts: Ninguém mais tem o espírito aventureiro** – Charles M. Schulz
1177.**Assim falou Zaratustra** – Nietzsche

1178. **Morte no Nilo** – Agatha Christie
1179. **Ê, soneca boa** – Mauricio de Sousa
1180. **Garfield a todo o vapor** – Jim Davis
1181. **Em busca do tempo perdido (Mangá)** – Proust
1182. **Cai o pano: o último caso de Poirot** – Agatha Christie
1183. **Livro para colorir e relaxar** – Livro 1
1184. **Para colorir sem parar**
1185. **Os elefantes não esquecem** – Agatha Christie
1186. **Teoria da relatividade** – Albert Einstein
1187. **Compêndio de psicanálise** – Freud
1188. **Visões de Gerard** – Jack Kerouac
1189. **Fim de verão** – Mohiro Kitoh
1190. **Procurando diversão** – Mauricio de Sousa
1191. **E não sobrou nenhum e outras peças** – Agatha Christie
1192. **Ansiedade** – Daniel Freeman & Jason Freeman
1193. **Garfield: pausa para o almoço** – Jim Davis
1194. **Contos do dia e da noite** – Guy de Maupassant
1195. **O melhor de Hagar 7** – Dik Browne
1196. (29). **Lou Andreas-Salomé** – Dorian Astor
1197. (30). **Pasolini** – René de Ceccatty
1198. **O caso do Hotel Bertram** – Agatha Christie
1199. **Crônicas de motel** – Sam Shepard
1200. **Pequena filosofia da paz interior** – Catherine Rambert
1201. **Os sertões** – Euclides da Cunha
1202. **Treze à mesa** – Agatha Christie
1203. **Bíblia** – John Riches
1204. **Anjos** – David Albert Jones
1205. **As tirinhas do Guri de Uruguaiana 1** – Jair Kobe
1206. **Entre aspas (vol.1)** – Fernando Eichenberg
1207. **Escrita** – Andrew Robinson
1208. **O spleen de Paris: pequenos poemas em prosa** – Charles Baudelaire
1209. **Satíricon** – Petrônio
1210. **O avarento** – Molière
1211. **Queimando na água, afogando-se na chama** – Bukowski
1212. **Miscelânea septuagenária: contos e poemas** – Bukowski
1213. **Que filosofar é aprender a morrer e outros ensaios** – Montaigne
1214. **Da amizade e outros ensaios** – Montaigne
1215. **O medo à espreita e outras histórias** – H.P. Lovecraft
1216. **A obra de arte na era de sua reprodutibilidade técnica** – Walter Benjamin
1217. **Sobre a liberdade** – John Stuart Mill
1218. **O segredo de Chimneys** – Agatha Christie
1219. **Morte na rua Hickory** – Agatha Christie
1220. **Ulisses (Mangá)** – James Joyce
1221. **Ateísmo** – Julian Baggini
1222. **Os melhores contos de Katherine Mansfield** – Katherine Mansfied
1223. (31). **Martin Luther King** – Alain Foix
1224. **Millôr Definitivo: uma antologia de *A Bíblia do Caos*** – Millôr Fernandes
1225. **O Clube das Terças-Feiras e outras histórias** – Agatha Christie
1226. **Por que sou tão sábio** – Nietzsche
1227. **Sobre a mentira** – Platão
1228. **Sobre a leitura *seguido do* Depoimento de Céleste Albaret** – Proust
1229. **O homem do terno marrom** – Agatha Christie
1230. (32). **Jimi Hendrix** – Franck Médioni
1231. **Amor e amizade e outras histórias** – Jane Austen
1232. **Lady Susan, Os Watson e Sanditon** – Jane Austen
1233. **Uma breve história da ciência** – William Bynum
1234. **Macunaíma: o herói sem nenhum caráter** – Mário de Andrade
1235. **A máquina do tempo** – H.G. Wells
1236. **O homem invisível** – H.G. Wells
1237. **Os 36 estratagemas: manual secreto da arte da guerra** – Anônimo
1238. **A mina de ouro e outras histórias** – Agatha Christie
1239. **Pic** – Jack Kerouac
1240. **O habitante da escuridão e outros contos** – H.P. Lovecraft
1241. **O chamado de Cthulhu e outros contos** – H.P. Lovecraft
1242. **O melhor de Meu reino por um cavalo!** – Edição de Ivan Pinheiro Machado
1243. **A guerra dos mundos** – H.G. Wells
1244. **O caso da criada perfeita e outras histórias** – Agatha Christie
1245. **Morte por afogamento e outras histórias** – Agatha Christie
1246. **Assassinato no Comitê Central** – Manuel Vázquez Montalbán
1247. **O papai é pop** – Marcos Piangers
1248. **O papai é pop 2** – Marcos Piangers
1249. **A mamãe é rock** – Ana Cardoso
1250. **Paris boêmia** – Dan Franck
1251. **Paris libertária** – Dan Franck
1252. **Paris ocupada** – Dan Franck
1253. **Uma anedota infame** – Dostoiévski
1254. **O último dia de um condenado** – Victor Hugo
1255. **Nem só de caviar vive o homem** – J.M. Simmel
1256. **Amanhã é outro dia** – J.M. Simmel
1257. **Mulherzinhas** – Louisa May Alcott
1258. **Reforma Protestante** – Peter Marshall
1259. **História econômica global** – Robert C. Allen
1260. (33). **Che Guevara** – Alain Foix
1261. **Câncer** – Nicholas James

IMPRESSÃO:

Santa Maria - RS - Fone/Fax: (55) 3220.4500
www.pallotti.com.br